HEYANG DE GOUTONG ZUIYOUXIAO

优秀父母智慧书坊

这样的沟通最有效

呵护孩子心灵的教育艺术

张健鹏 胡足青□主编

掌握了沟通的艺术，
就如同找到了通往孩子心灵的钥匙

九州出版社
JIUZHOUPRESS

为了孩子

教育改变着家庭和世界的未来

让我们先来看一个真实的故事：

弗莱明是一个穷苦的苏格兰农夫。有一天，当他在田里工作时，听到附近泥沼里有人发出求助的哭声，于是他放下农具，跑到泥沼边，发现一个小孩掉到粪池里，于是弗莱明把这个小孩从死亡边缘救出来。

隔天，有一辆崭新的马车停在农夫家，走出来一位优雅的绅士。他自我介绍是那被救小孩的父亲。绅士说："我要报答你，你救了我小孩的生命。"农夫说："我不能因救你的小孩而接受报酬。"

就在那时，农夫的儿子从茅屋的门走进来，绅士问："那是你的儿子吗?"农夫很骄傲地回答说："是。"绅士说："我们来个协议，让我带走他，并让他接受良好的教育。假如这小孩像他父亲一样，他将来一定会成为一位令你骄傲的人。"

农夫答应了。后来农夫的小孩从圣玛利亚医学院毕业，并成为举世闻名的弗莱明·亚历山大爵士，也就是盘尼西林的发明者。他在1944年受封骑士爵位，且得到诺贝尔奖。

数年后，绅士的儿子染上肺炎，谁救活他呢?盘尼西林。那绅士是谁呢?上议院议员丘吉尔。他的儿子是谁?是英国政治家丘吉尔爵士。

对于一个国家和民族来讲，教育是头等大事，对于一个家庭和孩子来讲，教育也是头等大事。因为教育是最有效的投资，它可以改变世界，改变未来。如上述故事中的弗莱明，如果没有接受良好的教育，他极有可能仍旧成长为一个农夫，尽管他也许会成为一个优秀的农夫，但世界终归因缺少一位伟大的科学家而遗憾。

经济学家、社会学家们曾指出：欠发达国家要想发展，最有效的办法就是兴办教育；要想帮助落后地区和贫困家庭，最直接的方式就是教育帮助。教育是消灭贫富差距、发达与落后鸿沟的最有效手段。

大道理不用多讲，每一位父母心中都应该清楚：教育对自己家庭，对孩子的未来意味着什么。

教育的主战场是家庭

我们仍然先来看一个故事。

拿破仑有一次在同贡庞夫人交谈时问道:“传统的教育体制似乎一无是处，为了使人们受到良好的教育，我们缺少的是什么呢?”

“母亲。”贡庞夫人回答说。

这个回答深深地打动了皇帝。“不错!”他说,“在这一个词里包含着一种教育体制。那么请您费心，务必要培养出知道怎样去教育自己孩子的母亲。”

母亲的品质决定着孩子的未来。一个家庭，哪怕穷得家徒四壁，只要有一个善良、节俭、乐观和整洁的女人在料理，这样的家庭仍是心灵的圣殿与快乐力量的源泉。母亲为社会贡献的最主要的产品就是你的孩子，除了自发的爱以外，母亲必须学习教育的艺术，否则，任何教育改革都将是徒然。

当然，我们今天虽不能像拿破仑那样说“传统教育体制一无是处”，但必须清醒地认识到以下几点：

1. 学校是教育孩子学习知识的地方，而孩子要成长为一个健康合格的人材，需要大量的生活磨炼，社会锻炼，也就是说只有在生活、社会大课堂中，人的性格、品质等多种综合因素才能得到很好的发展。

2. 学校的教育模式是流水线作业。一个老师面对数十个孩子，不可能面面俱到。观察孩子的个性差异，引导孩子个性的发展仍是父母责无旁贷的任务。

3. 现行教育体制与师资力量远非完善，应试教育的弊端已经越来越不适应现代化人材培养的需要。我们无法等待、无法袖手旁观，只能用自己的行动去弥补学校教育的不足之处，更不能认为只要把孩子送到学校就万事大吉了。

每个孩子都是天才，每个父母都能成为优秀的教育艺术家

同样，我们再来看一则故事：

美国一位著名心理学家的一次调查中，有位来自监狱的犯人在信中写道：小时候，有一天妈妈拿来几个苹果，红红绿绿，大小各不相同。我一眼就看见中间的一个又大又红，非常想要。这时，妈妈将苹果放在桌上，问我和弟弟想要哪一个。我刚想说想要最大最红的那一个，弟弟却抢先说出了我想说的话。妈妈听了，瞪了他一眼，责备地说："好孩子要学会把东西让给别人，不能总想着自己。"

于是，我灵机一动，改口说："妈妈，我想要那个最小的，最大的留给弟弟吧。"妈妈听了非常高兴，在我脸上亲了一下，并把那个又红又大的苹果奖励给我。我得到了我想要的东西。从此，我学会了说谎，以后，我又学会了打架、偷、抢，为了得到想要的东西，我不择手段。直到现在，我被送进监狱。不经意间，妈妈的奖励促成了孩子说谎的恶习，并最终毁掉了孩子的前程。

而一位来自白宫的著名人士在记述自己童年面对的相同经历，却写道：妈妈拿着苹果对我们兄弟说："这个最大的苹果最好吃。让我们来一次除草比赛，我把门前的草坪分成三块，你们三人一人一块，负责修剪好，谁干得最快最好，谁就有权得到它！”结果，我赢得了那个最大的苹果。母亲让我明白一个最简单也最重要的道理：要想得到最好的，就必须努力争第一。

推动摇篮的手，就是推动世界的手。母亲是孩子的第一任教师，你可以教他说第一句谎言，也可以教他做一个诚实的永远努力争第一的人。

父母对孩子教育的认识，主要误区有下列几种：1.我们的孩子很好，不需要我们太多的投入；2.我们的孩子很差，再怎么投入也没用或者已经太晚了；3.教育孩子哪有那么多讲究，我们父母就从来没管过我们，我们不也长大了吗?4.我们太忙，又没什么文化，能学好教育管好孩子吗?5.我们不行了，做好经济后勤工作，送孩子上好学校，给孩子请家教总可以了吧？……

人的潜力是巨大的，从某种意义上讲，每个孩子都是天才。在正确的教育引导下，孩子的潜能逐渐开发出来，健康成长，也极有可能成为为社会做出巨大贡献的伟大人物。相反，如果不能给予孩子一个良好的成长环境，孩子又经常受到错误教育的伤害，那么他们也许会走上另外的道路，甚至给社会带来伤害。

教育是一门综合艺术，虽然同教育者的知识水平、素质技巧有很大的关系，但归根到底，它是一门爱心的艺术。所有爱孩子的父母都具备成为教育艺术家的前提条件。我们现实生活中有大量的事例可以证明这一点，有许多文化水平很低甚至大字不识的父母，为国家培养出了栋梁之才。究其教子有方的原因，他们多是以善良正直的本质、朴实随和的性格，在逆境中勤劳向上、不屈不挠的毅力和精神，用自己的一举一动感染着孩子，为孩子做出一个人生的榜样，引导着孩子积极向上，成就大器。

同时，我们可以看到，有些文化水平和社会地位很高的父母，由于各种原因，却很难称得上是懂教育、合格称职的父母，听着他们哀叹家门不幸的时候，我们在同情之余，也不仅要问：早干嘛去了？

为了孩子，我们可以做一切。那么为什么不能看一下这套书呢？

出版本套丛书是我们很早就有的想法，只是想为父母们提供一些切实可行的帮助。经过长时间的努力，终于将其呈现在大家面前。

作者们根据自己的实践工作经验和教育心得，借鉴国内外典范事例和先进理论，深入浅出，对日常生活中父母们经常发生的认识上的误区、方法上的错误以及种种疑难困惑做了细致的探讨与分析，并提供一些具体的建议供父母视实际情况参考使用。

愿父母们与孩子们共同进步！

编 者

2007年4月北京海淀

目录 Contents

第①辑

NO.1 观念的误区

第②辑

NO.2 生活的细节

第⑥辑

NO.6 坚持的原则

第⑦辑

NO.7 孩子的名片

第⑧辑

NO.8 交流的密码

第❶辑 | 观念的误区 | NO.1

在错误的道路上，奔跑也是没有用的。

——艾琳

最根本的错

父母提示

许许多多的父母认为今天的孩子是幸福的，与自己当年比简直是天上人间，于是，动不动张口就说："你们这一代条件这么好，怎么……"果真如此吗？你知道孩子怎么想吗？

一个人的筋骨只要发生错位就会给人带来疼痛，这种感官上的感受很直接，我们很快就会明白原因所在，并知道去求助于医生来消除疼痛。还有一种感受上的错位，往往容易带来精神上的痛苦，而且人们不容易找到这种痛苦的根源，所以，这种痛往往是持久的，就像下面这位苦恼不堪的父亲。

有家报纸曾刊登过一封群众来信，是一位苦恼的父亲写来的。他在信中说，自己对上高中的儿子非常不满，儿子回到家几乎与父母无话可说，吃完饭就钻到自己的房间里坐在电脑前，虽然学习成绩不错，可整天闷闷不乐。有一天，他终于忍不住了，责问儿子："你的条件这么好，还有什么不满足、不开心的？我在你这个年龄的时候，什么都赶上了：自然灾害、上山下乡、文化大革命，生活上精神上什么苦都吃过，我们也都熬了过来。你们这一代赶上这么好的日子，为什么还整天不高兴、对父母也不理不睬呢？"

儿子这样回答父亲："你们那一代，从小到大，一切都让党给安排好了，又不用自己操心，毕业给工作，单位给房子，生老病死样样有人管，大锅饭的日子又好混，周围的人都一样，又没有大款、富翁的刺激，踏踏实实过一生，有什么压力?我们可好：社会变化这么快，竞争这么激烈，现在找工作连硕士生都不吃香了，房子、汽车得多少钱啊!今天报上说经济过热，明天又是通货紧缩，今天物种濒危，明天空气警报……真不知比你们好在哪里!”

父亲惊愕了半天，无语地退出了儿子的房间，他实在不知该同孩子说些什么了。

可以说，这对父子的感受在今天是具有代表性的，绝大多数父母都认为：他们为孩子创造了好条件，这一代孩子在享他们的福。父母用今天的进步与过去的落伍相比较，在时代上产生错位，以过去的感觉衡量现在的孩子，却没有看到孩子因今天的飞速发展变化而对不可预知的未来所感到的巨大压力。

如果单从物质生活水平方面来看，父母的这种感觉应该是有道理的。想想自己小时候，虽不能说是“食不果腹、衣不蔽体”，可穿着带补丁的衣服、背着手工缝制的小书包步行去学校的记忆却一直很深刻。

今天的孩子呢?从娘胎中就开始备受关注：保胎、营养、胎教，落地后更是不得了，吃补品、穿名牌、玩智能玩具，样样都是用大把的钞票换回来的。学习更是头等大事，除了费尽心机让孩子上个好幼儿园、好学校，还要培养多才多艺的综合素质，音乐、舞蹈、书法、绘画以及各种体育项目，没有天分也要给你补出来，有点才气岂敢给耽误了?而且，现在的孩子不仅有爸爸妈妈的关爱，还有爷爷、奶奶、姥姥、姥爷……真可谓“万众一心”，大有众星捧月之势，对比自己当年，哪有这等待遇?难怪家长们都会这样说：如果当年我有你这条件，哼……言外之意，那肯定不是现在这个样子。你这孩子就这点出息，成绩这么差，简直是浪费这么多美好的东西。

可是，这些父母却没有以发展的眼光看待孩子们今天的现状以及未来要面对的形势，这样做势必把自己局限在一个误区之内，以一种错误的前提和心态去面对孩子。事实上，今天的孩子是否真的比我们幸福呢?前面那位高中生对于父亲的回答，已让我们从另一角度得到了答案。而来自于武汉市某初中女生王琳的不幸，则更能让所有的父母清醒一下。

按理说王琳应该是一个“幸福”的女孩：父亲是处级干部，后下海经商，自营公司业绩喜人；母亲在某人事部门供职。自幼，父母便对女儿要求颇高，学钢琴、学美术，并专门请来家庭教师。升到中学以后，王琳觉得学习的压力增大，这时父母也一再施压:“考不上重点高中，怎么对得起这个家?你看邻居家的小华，家庭条件那么差，却总考第一，你怎么就不知道争气?”王琳的老师也受到她父母的“特别关照”，经常特意为她找一些练习题。可无论王琳怎么“玩命”也达不到要求，每次考试后得到的总是老师和父母的训斥。终于，这个小女孩难以忍受，自己触电身亡。后来，在她的日记里发现这样一段话：今天我问妈妈人死了以后有没有来生，妈妈骂我:“你有病呀！好好看书!”如果真的有来生，我一定要生在一个普通的家庭……

王琳最后的求助和危险的信号，竟然没能让她妈妈警觉。天使般美丽、可爱、纯洁、天真的孩子，为什么在花季年华走上这条不归之路呢?

目前，青少年自杀的事件屡见报端，究其缘由，当然涉及到方方面面，但每一位父母，都有不可推卸的责任。对于父母，有责任帮助孩子健康成长，无论从生理上还是精神上。学习成绩并不是衡量孩子的惟一标准，每一个孩子的自身潜力都不一样，有人表现在智力上，有人表现在才思上，有人表现在数学上……我们怎么能以另外一个个体作参照呢?做一个最简单的比喻：小草只能向大地呈现一片生命的绿色，无论你给它怎样的条件，怎样施肥浇灌，又怎能企望它像玫瑰一样开出鲜艳的花朵呢?这是整个个体的错位。对于孩子，我们必须尊重他们的个性，以平等的姿态做他们的良师益友，培养他们的学习兴趣，引导他们最大程度上超越自我、实现自我。

现在，物质文明的进步、科技的发达是不争的事实。父母在精心为子女营造一个优越的小环境同时，千万不要以为你已经恩赐给了他们幸福，科学双刃剑的另一边将砍在孩子头上，他们正受到前所未有的安全隐患和生存危机。交通事故、废气污染、水质恶化、毒品、艾滋病毒、网络色情、核竞争等无一不直接威胁着他们的生命。

同时，随着森林、煤炭、矿藏、海洋等资源的过量开采，我们正透支着下一代的财富。而且，整个环境的污染，工业、农业的发展，森林面积的锐减，使得生物种类逐步减少，不少物种已经灭绝，人类已经失去了很多赖以生存的朋友。我们带给后人的，是气候变暖的威胁，是极地臭氧层空洞的警示，以至于他们不得不为了保护环境、争夺资源、争取生存空间而进行不懈的努力。从这种意义上，我们是不是过早地透支了孩子们的资源呢?我们是否想过：孩子，对不起，把你带到这样一个世界上是不公平的。整个人类的子孙注定要为父辈去还债，也许你们将不得不为了一口洁净的空气与清水而奋斗。不要再告诉你的孩子他多么幸福，不要再去苛求他们，不要用你过去的物质生活标准来衡量他们，给孩子一些理解一点同情，他们的现在与未来都不容易，这是我们与孩子共处的前提。

面子问题

父母提示

孩子一旦在外边的表现不如自己的意愿，父母张口就会来："把我的人都丢完了"。这种指责除去加重孩子的心理负担外，能解决什么问题？

中国人向来崇尚"谦谦君子"式的个人品格，常表现得内向和谦逊，并以此为美德。

大家一定知道"文君当垆涤器"的典故。据说当年才貌双全的卓文君小姐慧眼相中司马相如时，司马相如还一文不名，卓老太爷自然不会点头，卓文君只好与司马相如私奔，开了一家酒坊，又卖酒又卖醋，这就是"美女当垆"的典故。堂堂富家小姐当垆卖酒，令卓老爷的脸面很不光彩。恰好司马相如以一篇《二都赋》名重神州，于是卓老爷名车名马迎回了私自成婚的女儿女婿，算是挣足了面子。不接女儿，是怕别人笑话，面子上过不去；接回女儿女婿还是怕别人笑话，面子上过不去。

中国人大都如此，少有勇于进取，富于创造力以及不怕犯错、不怕别人笑话的决心。直到今天，在对待孩子的教育上，在珍爱和重视的同时，很多父母依然很在意孩子的言行举止，害怕孩子"出格"而让自己丢脸。因此，他们对孩子严密地注意、严厉地管束起来，为了自己的意愿而强迫孩子符合自己的要求，甚至不惜伤害孩子的自尊。

因为父母过分的疼爱和特别关注，孩子的行为会备受影响，学会看父母的眼色、意愿行事，因此也非常在意周围的人怎么看待自己，而失去主见和个性，如果没有父母、师长替自己拿主意，孩子就毫无自信可言。这种以损害孩子的自信和独立换来自己一时的虚荣的教育方式，是极为有害的。

我们常听见父母这样责骂孩子:“你让我们的脸往哪儿搁呀?”“我的脸让你丢尽了!”他们认为孩子的某些行为令他们羞耻，这样责骂孩子是希望他们认识到错误，以期加以改正，按说也是情理之中的事情。可孩子听后的感觉如何呢?他们很可能会认为你很自私，认为你只在乎自己的面子，因此极其失望和难过。另一方面，他们也可能产生逆反心理，不但不会自责，反而会变本加厉。比如一个孩子因为与同学打架，家长被老师请到学校。回家后家长怒不可遏地教训孩子，认为自己丢了脸，而不是理智地分析事情原委，问清事情发生的原因，让孩子认识到打架是不对的，不管有什么理由。本来这孩子可能是因为受到欺负才打架，家长的态度令他更加委屈，以后可能更加以暴力形式发泄自己的不满。

而且，当孩子犯了过错时，本来应该由自己负责任，而不是家长所谓“丢脸面”来承担过来的事情。如果孩子取得进步，做父母的就沾沾自喜，孩子犯了过错，家长就自责，觉得没管教好孩子而脸上无光，就会让孩子感觉到自己所做的一切都是为了父母，从而就会感到不满，对学习失去兴趣。另外，还容易形成逃避责任的习惯，反正好坏都是父母的事情。

这些应该都是虚荣心在作怪。虚荣心强的父母往往最喜欢别人的恭维，而受到恭维的时候，却又故作谦逊，其实心里却很受用。比如有人这样称赞:“你们家孩子真不错，这次又考取第一名。”被称赞的父母往往这样回答:“哪里哪里，犬子不才，哪能跟你们家孩子相比。”心里却又骄傲又自豪。这种谦虚其实是虚伪的，一点也不可取，因为如果是单纯地为自己谦虚还可以，但是为孩子谦虚就既无必要而且非常愚蠢，尤其是当着孩子的面说出这样的话来，会让孩子的心里非常不愉快，孩子无法理解父母的做法，因为受到贬损，会对父母产生不信任的心理。

大多父母历来重物不重人，没有尊重孩子心灵的习惯，以为只要给孩子吃好穿好，给他们创造优越的生活、学习环境，把一切钱和心思都花在孩子身上就行了，就以为给孩子做了很多很多，这显然是错误的。曾有很多父母抱怨说，自己对孩子怎样好，就差没上天摘月亮了，可孩子还是不领情，还是认为他们不好，原因可能就在于父母经常特意地在别人面前贬损他们，打击他们的自尊和信心，他们怎么能满意呢?

所以，**在别人称赞孩子时，千万不要替他们表示谦虚，你也可以夸奖孩子，借此鼓励他们更上一层楼，同时对别人表示感谢。**

孩子不单是属于一个家庭，他们也是社会中的一员，他们有参与社会交往从而受到社会教育的权力，可对子女期望过多的父母往往以严格的家教去代替与社会协调。我们通常会碰到这类情况：常有母亲在牵着孩子外出时碰上熟人，总会对孩子说:“快叫阿姨。”或“跟叔叔再见。”打招呼的意义是很重要的，但不能流于表面的形式。如果这时孩子甜甜的叫了，做母亲的自然很高兴，在受到对方“你们家孩子真懂礼貌”之类的称赞后，虚荣心更是得到极大的满足。可如果碰上认生的孩子，总是躲在母亲后面，母亲就难免生气:“这孩子，一点也不懂礼貌，就会傻站着!”

其实，我们应该教给孩子的是理解打招呼的意义，以亲切的态度跟人问好、打招呼，而不光是形式上的问候。而且，大人更应主动地跟孩子打招呼，亲切而专注，这样会让孩子感到平等和被尊重，更加乐意于接受这种礼貌教育。

在语言方面，家长也总希望自己的孩子规范一些，乖巧一些，而不能说脏话，带粗鄙的字眼，除此之外，而不顾及其他。“这孩子小嘴真甜!”“那孩子怎么这样说话，父母怎么教的!”说到底，父母还是惧怕这些评论，才规定孩子讲话不能随随便便，要迎合成人的标准，说话要得体。

我们知道，语言也是一门艺术，说话是要根据所处的环境、面对的人物来作适当的调整，而不可能用统一的说话方式，需要灵活运用。我们必须让孩子能够随年龄、时间、场合的不同，而在用词时有所区分，能够灵活运用，才算把语言教育做好，而不是简单地要求他们什么能说，什么不能说。

教育孩子说话，是件关系到孩子为人处世的大事，在教育中父母必须记住两点：一是说话时不要伤害对方，不要在话中用污辱性的字句，要尊重对方。二是对人要客气。同时，在对话中，不要轻易打断孩子的话，尽量让他们畅所欲言，做父母的补充他们表达不充分的地方，并在不清楚的地方简明扼要地将要点说明，要多多给孩子自由表达的机会，否则不利于他们交际能力的长进。

总之，在任何事情上，我们必须学会尊重孩子，给他们自己机会去发展，而不能为了自己的某些虚荣心，而违背了教育的原则。

孩子是自己的好

父母提示

孩子是自己的好，很多父母自觉不自觉地会有这种想法。这种一厢情愿的“好”有可能会使孩子难以适应社会。

关心和爱护孩子，是父母的天职。引导孩子健康成长，是普天之下父母的心愿。可是，养孩子不像养花，可以保护在温室里，不受风雨的侵袭。孩子的成长过程也是一个社会化的过程，过度的关心和保护可能会使他们与社会脱节，也可能培养出一个自私自利的孩子、任性的孩子、经不起风雨的孩子，这样的孩子是无法与社会相适应的。

现在的父母，往往认为孩子是自家的好，即使孩子有一些坏毛病，他们也熟视无睹；或者认为等孩子大了，懂事了，自然就会改掉。一个人的成长，幼年时期很重要，从小教育孩子，健全他们的人格，是尽人皆知的道理。孩子在小时候如果能接受相互理解、团结合作等教育，就会培养出合作的态度和团队精神，只有这样才能在未来社会中做个对人类有用的人。

可很多父母却一味偏袒自己的孩子，在自私的心态下，不能容忍别人的孩子超过自己的孩子。如果单从培养孩子的竞争意识上来看，鼓励孩子不输给别人，是可以理解的。可这类父母的前提是“不要让某某超过你，”显然失之偏颇。这样一来，孩子一定会被迫不断地向他人挑战，如能一路顺风地成功了还好，一旦遭遇挫折，往往会难以承受。

对于一个孩子来说，在同伴和同学之间，并不能总是在各方面都能表现得最优秀，都能超过别人。而父母的这种期望，就会给孩子带来更大的压力，心里总想着与别人一争高下，结果反而不能专注于学习，起到相反的作用，这在心理学上有一个名词，叫做“瓦伦达心态”。

瓦伦达是美国一个著名的高空走钢索的杂技表演者，在一次重大的表演中，不幸失足身亡。他的妻子事后说，我知道他这一次一定要出事，因为他上场前总是不停地说，这次太重要了，不能失败；而以前每次成功的表演，他只想着走钢索这件事本身，而不去管这件事可能带来的一切后果。后来，人们就把不能专心致志于做事本身，患得患失的心态，叫做“瓦伦达心态”。孩子的学习也一样，本应是一个愉快轻松的过程。可如果担心输了，就会想到父母异样的目光、带刺的语言甚至是惩罚，反而使事情变得更糟。况且，人类生存的意义更多地在于合作互利，而不是竞争和对立，从合作中找出生存的毅力，理解真正的同伴意味着什么，更能安度美好的人生。

在偏袒和保护孩子的行为中，父母犯的另一种错误，就是认为别的大都是脏孩子、坏孩子，从而限制自己的孩子与之交往，干涉孩子交朋友，害怕他们跟着不好的朋友学坏。

这种错误是显而易见的：首先，并不是所有的孩子都是“坏孩子”；其次，你能一辈都守在孩子身边、你能一辈子保护孩子吗?孩子毕竟要在社会上自立，去开创自己的天下，只有培养出相对独立的孩子，才尽到了父母应尽的责任。

另外，父母干涉孩子的交友，可能得到的一个后果就是孩子最后连一个朋友也没有了。这样的孩子也可能因为渴望拥有朋友，而在择友时不加选择，不会辨识“朋友”的真假面目，缺乏和朋友的交往经验，在受到不良少年的引诱时，还以为遇上了朋友，从而贻害自身。

真正的朋友是在和人群的真正交往中才能建立起来，父母不能武断地说某个朋友是好还是坏，而是应该培养孩子明辨是非的能力。

父母的自私，还可能表现在淡化孩子的道德教育上。有的孩子可能在学习上不怎么突出，但却很热心，很乐于助人，可中国的父母最注重的却是知识教育，关注的焦点也只是孩子的学习成绩。其实书念得好固然不错，但这不意味着一切，教育还得教孩子怎样做人，教给他们如何拥有一颗爱心。在孩子帮助他人或热心于某些公益性事业，比如捡拾垃圾等时，往往会得到父母的白眼:“你有功夫做这些，何不看一遍书呢?”

帮助、照顾别人，既是一份爱心，也是一份对别人、对生活的责任，是做人的基本准则之一。孩子本是依靠父母而生活的，如果在生活上没有责任感，来承担相应的责任，那么他可能变得相当自私，只会一心为自己的利益打算，甚至会损人利己。很显然，这样的人处身社会，书念得再好又有什么用呢?

还有些父母，因为自身的成就和优越感，认为自家的身份、社会地位高人一等，那么对于自己的孩子，便颇为自豪地认为理应和别人不一样，因而规定孩子在衣、食、住、行、学习、生活中不能等同于一般的孩子，别人玩的时候，你要学习，而且成绩一定要优于别人，因为你有更好的家庭和条件。

其实孩子又何尝不想成为一个有用的人呢?只是在小时候就得到这种“特别关照”，就可能无法去结交朋友，更无法了解人们的心理，无法面对错综复杂的人际关系，同样丧失人生的意义，因而渐渐丧失奋斗的勇气。就算孩子在学习上能取得好成绩，他们更可能自视为非常优秀的人，而特别轻视他人，忘记了“众生平等”的意义，这种人最终会被众人遗弃。

认为自家孩子更优秀的父母，在对于孩子的期盼、疼爱和保护上，往往会产生一些过激行为。在影视剧乃至现实生活中，常有一些骗子、绑匪诱拐孩子然后勒索钱财，父母当然非常担心这类事件降临到自家孩子身上，因此常警戒孩子不可以跟陌生人说话。比如有个小孩热心地给迷路人指路回来后兴奋地告诉母亲，结果却被母亲骂了一顿:“谁允许你跟不认识的人说话的! 不知道坏人很多吗?”孩子反讨个没趣，进而对这个世界产生厌烦、恐惧，从此很怕单独出门。

现在有很多怕见生人、很胆小的孩子，这跟父母的教养不无关系。对陌生人相当恐惧的孩子，真的碰见了坏人，常会吓得不知所措，甚至不知道逃走。而且，长期处于一种恐惧心理之中，更不利于孩子身心的健康成长。

最好的办法是对孩子进行必要的训练。世界上还是好人多，但我们不能保证孩子一生中不会遇上坏人，我们首先应该交给他们明辨是非的能力，以及与坏人坏事作斗争的勇气和灵机应变的自救能力，给他们以正义的力量。同时，训练孩子应付坏人通常使用的手段。

在此，我们不妨可以给孩子讲一个童话故事：

一只小绵羊因为贪玩而忘记跟妈妈和牧羊人一起回家。正当它独自享受着夕阳和河边的嫩草时，它的身后出现了一只大灰狼，面对要马上吃掉它的灰狼，小绵羊并没有害怕、惊慌，而是勇于面对，并运用自己的智慧，对大灰狼说:“我刚吃完草，现在还没有消化，等我消化完了，肉味才会鲜美。”小绵羊开始跳起舞来，并将身上的铃铛摘下来递给大灰狼，让它帮助伴奏，以便自己跳得更快、消化得更快。大灰狼很高兴，卖力地摇起铃铛。

牧羊人回到家里发现少了小绵羊，赶忙带上牧羊犬往回找，半路上听到急促的铃声，知道小绵羊遇到了危险，于是尽快赶过去，牧羊犬将正自得意的大灰狼咬得遍体鳞伤，落荒而逃，小绵羊得救了。

当然，这只是一个寓言故事，但从中我们不难看出拥有自救能力的重要性。

最后，广大父母必须认识到，天下的父母和孩子都是一样的，“儿是娘的心头肉”，任何一个孩子都是父母的宝贝，我们在疼爱、呵护和教育他们时，应保持科学的态度，以平等、信任代替偏爱，给他们以充分自由的发展空间。纵使你的孩子真的很优秀，你也只能诱使孩子自己产生一种自信心，从而推动他自发读书、主动用功的习惯，并在品德和人格方面，一同健康发展。

借　口

父母提示

我们在现实生活的磕磕碰碰中，也许已经习惯了为自己找寻各种各样的借口，习惯了退缩，把希望寄托在下一代。但不知不觉间，我们已经把这些借口和理由、把这些习惯都复制给了孩子。

现实生活中，我们有许多人习惯于给自己的不成功找一些生动的理由。没有什么文化的，就怪罪那个时代知识分子被打成“臭老九”，交白卷可以得满分；没能力的，就认为没赶上好年代，是集体所有制限制了个人能力的发展……为失败找借口，其实正是一种消极心态的体现，只有以积极的心态，努力为成功创造机会的人，才可以获得成功。

而且，大人们养成的这些坏习惯和毛病，也会不自觉地在对待孩子时表现出来，并进而“遗传”给孩子。许多父母先是对孩子抱有过高的期望，当受到一些挫折时，他们自身习惯退缩的老毛病就又犯了，拉着孩子一块：撤!

有一个法国人，42岁了仍一事无成，他自己将离婚、破产、失业等一系列不幸的事归结为“倒霉”，从而对自己非常不满，变得古怪、易怒、脆弱和消极，不知道自己的生存价值和人生的意义。

有一天，一个吉普赛人在巴黎街头算命，吉普赛人看过了他的手相后，说:“您是一个伟人，您很了不起!”他大吃一惊，以为吉普赛人在开玩笑。吉普赛人平静地说:“您是伟人，您是拿破仑转世! 您身上流的血、您的勇气和智慧，都是拿破仑的啊！先生，难道您真的没有发觉，您的面貌也很像拿破仑吗?”

“不会吧，我离婚了…破产了…失业了…我几乎无家可归……”

“那只是您的过去，您的未来可不得了！如果先生您不相信，就不用给钱好了。不过，5年后，您将是法国最成功的人，因为你就是拿破仑的化身!”

他表面装作极不相信地离开了，但心里却有了一种从未有过的伟大感觉。他对拿破仑产生了浓厚的兴趣。回家后，就想方设法找与拿破仑有关的一切书籍著述来学习。渐渐地，他发现周围的环境开始改变了，朋友、家人、同事、老板，都换了另一种眼光、另一种表情对他，事情开始顺利起来。

后来他才领悟到，其实一切都没有变，是他自己变了：他没有了消极的心态，他的胆魄、思维模式都在模仿拿破仑，就连说话走路都像。正是这种勇气才让他在13年后成为亿万富翁。社会上的成功之士，无不勇敢地面对困难与挫折，永不言败、永不放弃努力。因此，我们在对待孩子的教育上，不能因为学习的艰辛就为他们找借口，这样更容易让他们形成消极的态度，从而失去进取的精神。

也有一些父母，因为自恃孩子聪明，当孩子在学习上不用心时，他们总认为“就因为这孩子懒，所以才没有学好，其实他还是很聪明的，以后会学好的”。没想到如此一来，很可能贻误孩子终生。

另外，当我们自己不高兴、生气时，总会对孩子发脾气，以为孩子是自己可以随意控制的东西。孩子犯错时，也可以随意训斥甚至打骂，可是却容不得别人的“干涉”。如果孩子因为行为不对而受到老师或别人的训责，父母总会出来护短:“孩子还小，不懂事嘛，有什么问题跟我说吧。”这种本应该感谢别人的事，反而因担心孩子受委屈而找借口。这种袒护会使周围的人们再看到孩子的不良行径时，再也不愿招惹不必要的麻烦而去纠正。同时，孩子因为犯了过错有父母袒护而不必承担责任，就会恣意妄行，全然不将别人放在眼里。

而且，**对于孩子的行为，如果我们一味地给他们找借口、找理由，就更容易养成他们推卸责任的习惯，将今后在生活和学习中遇到的一切“不顺”都推给外界和别人，在他们不能正视困难时，不能承担所犯下的过错时，就会选择一种逃避行为，把责任归咎给别人。**同时，却不从自身找原因，这实在是一种懦弱、胆怯和无能的表现。

现在的孩子，在社会的需求和父母的要求下，都在为日后的生存而学习各种必备的技能，他们无不面临着学业与成长所带来的压力与挫折。作为父母，我们应该让孩子明白，人生历程实质就是克服困难的过程，任何人都不可能一帆风顺。在遇到困难的时候，应该表现出坚强的信念和决心，遇到失败的时候，应勇敢地面对，找出失败的原因，而不是找借口，推卸自己的责任。因为一旦找到借口，便会为自己开脱、便会主动打退堂鼓，从而半途而废，并因此而丧失信心，变得胆小、脆弱。

同时，做父母的如果怨天尤人、愤世嫉俗、牢骚满腹，也必然会影响到孩子的情绪，会认为一切都是别人和社会的错，很可能因此而悲观厌世，产生不利于成长的消极情绪。由此可见，再合理的借口对于孩子的发展都是不合理的，甚至是有害的。

让我们再来看另外一个故事。留美博士黄全愈就儿子矿矿在美国中小学学习的经历写了一本书：《素质教育在美国》。书中有这样一个事例：

矿矿和他初中的好友麦德为了参加足球队，决定参加“淘汰竞争”的测试。麦德的哥哥是该校橄榄球队的队员，放出风来：“淘汰竞争”非常残酷……看儿子那跃跃欲试的样子，我和妻子决定去看一看。

“淘汰竞争”于7月16日下午3点开始。烈日当头，但参加各种运动队的试训者熙熙攘攘。我虽戴遮阳帽，还顶不住酷热，钻到树荫底下。

学校要组建A、B、C三支足球队，一般来说是按年龄和球技分队，但为了鼓励竞争，低年级身体壮、技术好的球员，也可以“提拔”到高年级的队来。每队需要约25名正式球员，但参加试训者约有200人。

开始是环校跑，可能有1500米，一圈下来，矿矿跑在中间；接着是三组400米跑，矿矿是中上水平；又接着四组100米折返跑，矿矿还不错，大约在第四、第五名之间。

我以为大概就差不多了吧，看孩子们累得那个样，歪歪斜斜的，该淘汰谁淘汰谁吧。谁知道，试训并没有结束，又进行两圈环校跑，三组400米，四组100米折返跑。这一轮下来，直看得我胆战心惊，以为总该结束了吧。万万料不到的是，又进行第三轮，我看不到自己的脸，反正妻子的是失色了。

场上有孩子晕倒，有孩子抽筋，有孩子呕吐……

我真想把孩子叫回来，不要试了，那个球队也没什么大不了的！但要在众目睽睽之下，把孩子叫回来——做第一个，也可能是惟一一个主动退下来的人，又实在难以决断。最后，孩子们到底跑了多少，我们没有数，孩子也记不得。

麦德一边跑，一边吐，一边说：“这就是基督教的学校，这就是基督教的学校……”

更奇怪的是，我和妻子是惟一到场观看的家长。到底是美国家长知道如此残酷，不愿来看呀，还是根本就认为是孩子的事而不来看？我迷惑了。

看着面色煞白、一拐一拐的儿子，好心痛！真想出言劝他，但看儿子并没有退出的意思，又说不出口。于是，我拐着弯儿说：“那些跑在后面的，都看着没有希望，为什么还不干脆退了?!”

儿子看也没看我，说：“爸爸，自己退出来和选不上是不同的，你可以退出足球队，也可以退出网球队，退来退去，你还能往哪里退呢？没有到最后一分钟，谁都还有机会。跑在前面的，可能下一轮就挺不住了呢！”这是他在这个既充满机会，又充满竞争的美国社会里“悟”到的！

不知所措的父母

父母提示

孩子成长的最重要因素是学校，我们做父母的除了做好后勤保障还应怎么办？

当我们在消费时，购买了劣质产品或对享受的服务不满意，我们会觉得自己的权益受到侵害，我们会跟商家讨个说法，或者依据《消费者权益保护法》等相关法律条文去索赔，来弥补自己的损失。市场经济中，消费者的上帝地位不容动摇。

但我们把孩子送入学校后，很少有父母会意识到：孩子在享受什么样的教学服务？自己满怀希望地把孩子送入学堂，他将会被教育成为一个什么样的人？换而言之，孩子享受的服务是否令人满意？你得到的“产品”是否合格？

把孩子受教育的过程看成一个消费过程，合适吗？教育能否作为一个产业来对待呢？义务制教育只不过是国家统一用纳税人的钱来投入，收费式的教育则很显然就是父母家长们的教育投资和消费，除去经济上的因素，更为重要的是感情的投入以及孩子们的宝贵年华，所有这一切，庸俗地讲，都是为了孩子明天能有出息。“出息”这个字眼非常形象贴切地说明了这个过程的性质：先有投入才能产出利息。

不可否认，教育这种服务和产业有着其特殊性，其是否合格的标准很难科学地判断。孩子的情况千差万别，因人而异。同一个学校同一个老师，有的学生学得好，有的学生就是垫底的差等生。家长会上，差等生的家长多是被老师训斥的对象：你们家孩子笨，淘气……你怎么管教的?拖了我们班集体的后腿，等等。家长们自己先是难为情，底气不足，腰杆不硬，回头只有找自己孩子算账的份，还敢想什么别的?

中国父母爱孩子的程度在全球范围内来讲，应该是名列前茅的，可中国父母对现代教育的理解认识及对教育科学的认识、教育方法的掌握运用恐怕应该倒着数了。

中国的父母，真的好沉重！好可怜!

可怜天下父母心!

一方面，望子成龙，把自己难以实现的人生目标、理想都加到子女头上，任劳任怨，对子女倾尽全部心血地投入。为了培育孩子成才，有多少父母给我们演绎出可歌可泣的故事?捡破烂、卖血……砸锅卖铁，也要供孩子读书，这句话在多少文学影视作品中出现过?在当今中国，子女教育对并不富裕的老百姓而言，绝对是家庭中的头等大事，是排在首位的经济支出，其他任何消费都得为教育消费让路。

可另一方面，调查数据也无情地表明，中国父母有80%承认自己不懂教育，父母的行动让我们感动落泪，可这个数字则让我们沉重得喘不过气来。

孩子的明天在很大程度上掌握在今天的父母手中。“龙生龙，凤生凤，老鼠生儿会打洞”之说强调的是出身的贵贱，是唯成分论的意思。实际上，父母的官职等级、社会地位、经济条件、学识等对孩子的影响虽然也有相当大的成分，但对于孩子一生起决定性作用的还是父母的教育方式。

当今世界首富比尔·盖茨并非身出豪门，他的数百亿美元财产中并没有直接得自父母的成分。但他的父母给予他的是创造财富的能力：他们没有逼着他离开计算机键盘而去学音乐、绘画，也没有阻止他从哈佛退学。爱因斯坦、牛顿的父亲也不是什么科学家，林肯、华盛顿的父亲也不是什么政治家。

教育专家孙云晓的“夏令营中的较量”广为人知，中日父母表现的差异其实就是孩子表现差异的根源，不要让孩子输在起跑线上，其实首先不能让父母输在起跑线之前。

一位作家曾讲到过这样一个故事。他在北欧某国时，看到几个小孩子打架。一位孩子的母亲过来后问孩子:“你们为什么要打他呢?你们为什么不友好呢?一块谈谈好吗?”而在中国农村，作家见到一位被打孩子的母亲怒气冲冲地责骂其他孩子:“再打他看我不揍死你们!”

作家感叹，这样的教育结果只能是导致孩子非理性的思维以及对暴力强权的依赖。他说，民族未来的较量就是年轻女性的较量。

笔者故乡的一位农民，锲而不舍地供女儿读书，在明知考大学无望时还接着让女儿读高中。村人不解，他却说:“我知道女儿考不上大学，还得回村里种地，可她将来总要当妈妈，有点文化教育孩子也不一样。”多年来，我不断向人讲述这个真实的故事。

教育是爱心的科学与艺术，掌握一些基本的教育方法并非难事，也未必要求父母必须有多高的学问。因为这并不是要由你自己告诉他知识，而是你用各种方法去鼓励孩子学习，帮助他们掌握正确的方法，引导他们走上适合自己行走的人生道路。同时，你也能判断学校和老师对你的孩子的所做所为是对是错。

事实上，我们的学校在干什么呢?老师在干什么呢?现行的教育体制如何?

一位美国教授吃惊地问中国教师:“你让学生背这些东西干什么?图书馆都有嘛，你告诉他们如何利用图书馆不就可以了?”

一位退休老师痛心疾首:“我教儿子时是这套教材，教孙子时还是这些，还是这种考试方法，我参加工作时备的课，到现在都用得上，不是讲知识大爆炸吗?怎么还这样?”

一位大学毕业生去应聘，无法用英语进行简单对话，这位品学兼优的学子说:“我学了20年外语了。”

一位家长说:“孩子高中毕业了，家里装个电源开关都不会，物理怎么学的?”

出版社一位编辑说:“我们搞了几次大学生征文，看到学生们的稿子，真是哭笑不得。我知道他们想说什么，可就是不能规范地表达出来，这些都是考上大学的学生啊!

……

而我们的家长对学校却有很大的依赖性，在孩子受教育的过程中，历来认为学校是主战场，老师是传道、授业、解惑的主要角色。人们在赞美老师时，是不吝惜用词的:“辛勤的园丁”,“人类灵魂的工程师”……认为老师是阳光下最灿烂的职业。确实，一名合格优秀的老师对人类所起的作用是非常巨大的，怎样赞美都不过分。

可是近年来，有关教师缺乏爱心、缺乏敬业精神、水平低下、不懂现代教育的问题不时见诸报端，已引起全社会的重视。1999年6月，党中央、国务院已经作出了关于深化教育改革全面推进素质教育的决定，我们正翘首以盼这一状况的全面改善。

教育学家杨东平指出：与社会其他领域的改革相比，教育不仅仍然处于弱势地位，其滞后于社会变革的体制落差正在拉大，成为社会现代化的制约和瓶颈，教育系统被诟病为计划体制的“最后一个堡垒”。

毋庸置疑，所有现代化中最重要的是人的现代化，人的现代化的前提是教育的现代化。未来的自然环境与社会环境对我们的孩子提出了严酷的挑战，要求他们具备更渊博的知识、更坚强的心理素质、更突出的生存能力等等，这无疑也是对现行教育体制的挑战。

鉴于我们的教师和教育体制所存在的问题，我们的家长决不能拿孩子的青春赌明天，片面地依赖于学校教育的举措是不科学的，也是非常有害的。也有一些家长看清了这一点，苦于教育体制迟迟不能完善，而自身的知识和能力又很有限，因此在对待孩子的教育上，不知所措。其实，只要真正明白教育的目的，做起来并不难，那就是通过自身的学习，逐步认清新形势，承担起主动性的教育角色，引导、激励孩子健康成长。

总而言之，我们不能完全迷信教师和学校，甚至包括那些名师和名校；也更不可能坐等教育改革的到位，惟有自己行动起来，去弥补空白。

一念之差

父母提示

孩子的成长过程其实是由许许多多的小事组成的。同一件小事中，有的父母看到的是孩子积极的一面，给予孩子充分的肯定和鼓励；有的父母却只看到消极的一面，去批评打击孩子。这样的小事其实就在决定着孩子的未来。

雨后，一只蜘蛛艰难地向墙头已经支离破碎的网爬去，由于墙壁湿滑，它爬到一定高度就会掉下来，它一次次向上爬，又一次次掉下来。有人看到这种情景，会想：这只蜘蛛真愚蠢，从旁边干燥的地方绕一下就能爬上去，我以后可不能像它那样愚蠢，于是，他变得聪明起来；也有人会立刻被蜘蛛屡败屡战的精神感动，并从这里得到启示，于是变得积极而坚强起来；还有人不免叹了一口气，认为自己的一生正如这只蜘蛛，忙忙碌碌一无所成，于是他日渐消极。

任何事物，都有积极的一面和消极的一面，这就要看你的心态是积极的还是消极的，**如果你是积极的，你看到的就是乐趣、进步、向上的一面；相反，你看到的就是悲观、失望和灰暗的一面，你的人生自然也就乐观不起来。**

比如面对夕阳，有人会感伤：“夕阳无限好，只是近黄昏。”而有人却高歌：“但得夕阳无限好，何须惆怅近黄昏。”这种心态上的差异只在一念之间，可对人产生的影响却是天差地别。

成功学大师拿破仑•希尔曾说过：“积极的心态，就是心灵的健康的营养，这样的心灵能吸引财富、成功、快乐和身体的健康；消极的心态，却是心灵的疾病和垃圾，这样的心灵不仅排斥财富、成功、快乐和健康，甚至会夺去生活中已有的一切。”

美国成功学院对10000名世界知名成功人士的研究结果表明：积极的心态决定了成功的85%。

而事实上，很多人却认为成功有赖于某种天才，某种魔力，某种我们不具备的东西。那么，对于智商相同的孩子，为什么学习成绩有好坏优劣之分呢?这显然不是因为智力问题，而是在对待学习的心态上。有的孩子认真听讲、认真学习、认真做作业，而有的孩子却相反，这才是形成这种差别的主要原因。

现代精神药理学研究发现：人体会自行制造一种叫脑啡的天然体内镇静剂，由大脑分泌，在脑部和脊髓等特定的部位活动，能减轻痛感、过滤令人不快的刺激物，使人内心祥和安乐。

临床研究还发现，忧郁症患者都严重缺乏脑啡。这项发明为人们了解沮丧与喜乐的根源，带来了重大突破。心态积极、乐观向上的人很可能体内都充满了这种天然镇静剂。更为重要的是，行为研究者已经发现，保持积极的心态和乐观的想法，可以刺激人体制造脑啡。相反，消极的心态和颓废的思想则耗尽了体内的脑啡，导致人心情沮丧；由于心情沮丧，脑啡的分泌量更加减少，于是消极的想法变得越来越严重，从而导致恶性循环。

现实生活中，由于父母对孩子有太多的批评，以及经常推卸某种责任，常使孩子陷于一种消极的心态之中，不仅影响了孩子的学习和能力的开发，还影响到他们的健康。

美国一个权威咨询机构曾对小孩进行过一次测试，他们发现孩子1岁的时候，想象力、创造力高达96%，但随着年龄增长而减少，7岁时发生逆转，到10岁时，他们丰富的想像力、创造力只剩下原来的4%。

该机构对1万名孩子的跟踪调查发现，小孩在成长的过程中，平均要遭受超过2万次的“伤害”！其中对幼小的心灵伤害最大的，就是来自父母的“破坏性批评”。这些痛苦的记忆，深深刻在孩子心中，严重影响孩子的成长和发展，直接导致了害怕失败、害怕被拒绝、胆小、懦弱、犹豫、忧虑、找借口等消极心态。

父母常会骂自己的孩子笨、没出息，并拿成功的孩子作比较，尽管其本意是为了孩子好，想激发孩子的自信心，可父母这种不如意的消极情绪发泄到孩子身上时，却让他们受到双重影响：一方面，对孩子的否定态度直接让他们受到伤害，以为自己真的不行变得自卑；另一方面，父母的情绪及言行也会影响到孩子将来的行为。

而且，父母还会以自己的辛苦和付出为理由，给孩子施加一定的压力，通常问“你对得起谁？”从而使孩子在不如意时便产生深深的自责和负罪感。父母对人不对事的批评几乎直接摧毁了孩子的自尊，增加一定的心理负担，自信心因此而消失殆尽，开始变得自怨、自怜、自暴自弃，害怕做任何事情，逐渐自我设限，丧失勇气。

科学家曾做过这样一个有趣的实验：他们把跳蚤放在桌上，一拍桌子，跳蚤迅即跳起，跳起的高度均在其身高的100倍以上，堪称世界上跳得最高的动物。然后在跳蚤头上罩一个玻璃罩，再让它跳，这一次跳蚤碰到了玻璃罩。连续多次后，跳蚤改变了起跳高度以适应环境。接下来逐渐改变玻璃罩的高度，最后，玻璃罩接近桌面，这时跳蚤已无法再跳了。科学家把玻璃罩打开，再拍桌子，跳蚤仍然不会跳，竟变成了“爬蚤”了。

跳蚤变成“爬蚤”，并非它已丧失了跳跃能力，而是由于多次受挫而学乖了，习惯了、麻木了，已经没有再跳一次的勇气。玻璃罩已经罩在了潜意识里，行动的欲望和潜能被自己扼杀。科学家把这种现象叫做“自我设限”。许多父母给孩子的批评和打击，无异于在孩子的心灵设置一道障碍，令他们产生消极心态，摧毁自我信心，不相信自己能够达到成功，看不到人生的希望和机会。

因此，当孩子遇到挫折时，我们应多给予鼓励而不是批评，即使他们犯了错，批评也只能对具体的事情而不对人，不能打击他们的自我价值。比如，当孩子拿回成绩单，其中大多数都是高分，只有一科不及格，父母的第一句话总是："这一科怎么没及格?"先看到不好的消极的一面，却不会先肯定孩子其他方面优异的成绩并加以表扬，这是非常有害的。我们应该在充分肯定孩子的同时，再帮助他们分析失利的原因，鼓励他们面对失败，这样才有利于改进和提高。

《圣经》告诉我们：不要激恼你的孩子，以免使他气馁。从下面这件事，你会得到什么启示呢?

著名画家本杰明•威斯特小时候，一天，妈妈将他留在家里照顾他的妹妹莎莉。他在家里发现了几瓶彩色墨水，那些瓶子是一种诱惑，于是他开始画起莎莉的肖像。结果，他把各处都弄上了墨水污渍，使家里变得脏乱不堪。

当他妈妈回来时，看到了一片脏乱，同时也看到了那张图画。她对于墨水污渍不置一问，却说道："啊，那是莎莉!"然后她弯下腰来亲吻了她的儿子。后来本杰明•威斯特常常骄傲地说："我母亲的亲吻使我成了画家。"

很显然，鼓励比任何谴责都更为有效，孩子需要被肯定，更需要鼓励，了解、爱和鼓励对于他们才最有用。歌德曾说过："以一个人的现有表现期许之，他不会有所长进，以潜能与应有的成就期许之，他就会不负众望。"这对于望子成龙的父母来说，无疑是一个明训。

用积极的态度看待孩子，用乐观的情绪对待事情，有助于形成孩子的积极进取之心，有助于他们确立奋斗的目标，同时，也能提高孩子的自我价值，增强自信，克服胆小、懦弱、害怕被拒绝等缺陷。因为人们的意识会产生一种“心理导向效应”，即人的内心都会有一种强烈的接受外界暗示以及通过语言、形象的传播媒介树立形象的欲望。因此，我们用语言在孩子心上写什么，他们就将是什么，成功与失败，仅在一念之差。

第②辑 生活的细节 NO.2

天下大事，必作于细。

——老子

不想练琴

父母提示

你可否知道，我们增强给孩子的许多，自以为是在为的明天打基础，实则如同培养“病梅”一样，为了观赏价值，而失去了生命的真正意义。

参观过南方的病梅馆的人，一定会惊奇于那些千奇百怪的病梅，有像沧桑老人，有像妩媚少女，有像巨龙，有像烈豹，有像拱桥，有像火炬……这些独特的形状吸引了成千上万的观梅者。

某城市举办了一次“神童”表演，几十个三四岁的孩子，在众多艳羡的目光中用钢琴演奏着莫扎特、贝多芬等大音乐家们的语言，用画笔描绘着五彩缤纷的世界，用英语倾诉着异国他乡的风情。至于能背诵几百首古诗，能认上千个汉字，能计算几位数的加减乘除，更是他们的小菜一碟啦！

看着孩子们精彩而超常的表演，的确让我们自愧不如，想想我们当年三四岁的时候，连自己的名字也不认识啊！大家一边认真观赏“神童”们的表演，仔细品味家长们的“传经送宝”，一边开始在心中构思着关于自己的孩子的培养方案。看着那种场面，你脑子里会不会突然生出一个国际通用的军事术语：军备竞赛。

而你又想没想到过，这些孩子实际上就是“病梅”！

没有园艺师们对幼小梅树精心地扭曲，就没有今日生动的病梅。同样，没有父母绞尽脑汁地培养，没有孩子们刻苦艰辛地付出，就没有今日早熟的神童。只是在这生动和早熟的背后，隐藏着我们不无痛苦的思索——不知从何时起，家长们开始觉得正规的幼儿园和学校教育已不能够满足他们对孩子的期望，于是开始对孩子进行大量早期的额外教育投资，并很快蔚然成风。音乐、绘画、电脑、书法、英语……都是孩子们要学习的技能。很多孩子除了一周五天的幼儿园生活外，晚上则要练钢琴、背古诗，周末还得去进英语班、绘画班或者钢琴班。家长们惟恐孩子在无忧无虑的自由玩耍中耽误了成长。

在这些日复一日的奔忙中，孩子喊累，喊委屈，因为他们失去了在院子中踢球、做游戏的欢乐，错过了和会开花的、不会开花的植物交朋友，感受不到夏日的阳光和冬日的冰雪，他们的生活中没有快乐的百草园，只有压抑的三味书屋。他们会背诗、绘画、弹琴，说得出让大人们不断赞叹的“聪明”的话，可他们却不会“过家家”、捏泥人、打雪仗、扎猛子、吹柳笛……他们拥有太多的优越条件，拥有过早的超常智能，却失落了本该属于他们的童趣；他们过早地承受着竞争的压力和辛酸，却空过了一段充满阳光、青草、蛙鸣、鸟啼的欢乐时光。如今的孩子，真是太可怜！

孩子喊累，大人们也不轻松，面对惟一的独生子女，面对今后莫测的世界，他们拿出家庭收入的三分之一、消费支出的二分之一来抚养孩子，目的只有一个，让孩子成才，将来过上一种不同于父辈的全新的幸福的生活，能在今后的人生竞争中立于不败之地。虽然有有识之士意识到这是对孩子的扭曲，可是你不投资，别人在投资，一种潜在的担心孩子今后“缺胳膊少腿”的恐慌，使得他们违心地剥夺了孩子成长的乐趣。

于是，父母子女之间矛盾频繁，争吵不休。下面这位母亲的亲身经历，或许就是一个典型：

女儿4岁半的时候，我为她买了一架钢琴，原因就是除了她生性爱唱歌、跳舞以外，更重要的是见到别人的孩子都学钢琴，也想让自己的孩子变得高雅、富有情趣。于是花钱请了老师有板有眼的学了起来。

在我的监督下，孩子每天都坚持练习，但是却没有培养出对钢琴的兴趣，反而增强了对钢琴的厌恶感。我没有在意孩子的心理变化，只是一味的认为只要时间长了就好了。

一天傍晚，我领着女儿过马路，一辆汽车疾驶过来，我学着孩子的声音说："汽车汽车，快快驶过，别碰宝宝！"话音刚落，女儿的童音便响了起来："汽车快来，把我妈轧死吧！"

我顿时就惊呆了，心里好害怕。这就是我费尽心思养育出来的女儿吗？才5岁的她竟然对母亲如此"仇恨"！我一路无言，默默的领着她回到家。丈夫和母亲见我泪流满面，问我发生了什么事，我无言以答。只把女儿叫到身边问她："为什么希望妈妈死掉？"孩子无邪的说："那样我就不用练琴了！"

这一刻我才清醒，才认真思考：如果因为钢琴，我和女儿成为仇人，值得吗？出了力反而不讨好，这不是犯傻吗？于是我毅然决定，琴不弹了！我不想女儿心理受到如此的伤害。这样下去，她的心理肯定会畸形发展的。

好了伤疤忘了疼。转眼间，一年过去了。当女儿6岁半的时候，我又劝说女儿坐到了琴凳上，毕竟那架钢琴花去了我们家的一大笔收入，而且，我也是为孩子着想。可是，3个月过去了，我们两个人几乎每天都为钢琴闹别扭。女儿一改往日快乐的心境，整天愁容满面。有一天，我问她："你喜欢钢琴吗？"她望着我说："妈妈，说实话吗？我一点儿不喜欢。"

或许是我陪孩子练琴的时候要求过高，或许是孩子没有天赋，不管怎样，结果如此。我又想起了一年以前的那一幕，于是我提醒自己：我宁愿世上少一名出色的钢琴演奏家，也不愿让自己的女儿失去生活的热情与爱心。今后也许我看到别人的孩子弹得一手好钢琴，还会羡慕，但我看到自己的女儿平凡的生活，对周围的人和事都充满希望和热情，也会欣慰的。

其实，孩子多接触一些艺术类的东西是对她有好处的。研究表明，绘画和音乐等艺术类的活动对大脑有调节作用，并有助于大脑在学习其他领域的知识时集中精力。受过艺术熏陶的小孩相对来说更善于思考、理解问题和互相沟通以及在学习交往方面比其他孩子进步快，而且能够陶冶孩子性情，丰富生活，培养孩子高雅的气质。让孩子有一技之长，还能使她多一些表现的机会，让她自信心大增。

所以，要发现孩子的兴趣和潜力所在。在生活中，为她提供多方面的接触艺术活动的机会，观察判断出孩子在某一方面的天赋所在，然后再为她提供进一步学习发展的机会。千万不要看见别人学什么就让自己的孩子学什么，也不要自己想让孩子学什么就朝那个方向硬逼。

但是，家长一定要端正培养孩子的思想目的。不要确立过高的期望值，期望孩子成为画家、钢琴家、舞蹈家；不要逼孩子参加各类艺术教育的等级考试，甚至以逼迫的方式强制孩子学习他们根本不感兴趣的东西，使得孩子视之为畏途，学习特长成为一个沉重的负担，享受不到艺术带来的乐趣，本来还有的一点兴趣也给磨掉了，最终导致兴趣全无，甚至产生厌烦心理。

现在市场上2月份就有草莓出售，个头很大，色彩鲜艳，人见人爱，但吃进嘴里才觉出什么味儿都没有。这些温室中培养出来的早熟草莓根本失去了草莓的味道。到了5月草莓成熟的季节，草莓大批上市，那些个头儿不大、色彩也不鲜艳，但自然熟透了的草莓才真是味道鲜美。我想，梅树若是可以选择的话，它到底会选择这种扭曲生长但风吹不着、雨淋不着、有人娇着、有人宠着的病梅馆呢，还是会选择无人关爱、但可以自由自在生长的山野？

让孩子拥有一份纯真的天性和不灭的童心吧！让平静、轻松、温暖、纯洁的阳光照耀孩子成长吧！别让孩子透支太多的早熟，扼杀孩子成长的乐趣。扭曲的梅树固然美艳，但它们毕竟是病梅！

电视问题

父母提示

调查结果显示，2~5岁的孩子平均每天看电视4个小时，等到小学毕业时他们已经从电视上至少看到了8000多个色情、100000多个暴力镜头。即使是在特意为儿童播出的动画片中，每1小时中的暴力镜头还高达26个。

还是先来看一个真实的例子吧：

1997年12月的一天，在京城某迪厅里，辍学不久的小A遇见了初中时的同窗小B。小B，15岁，初中文化程度，原系丰台区某中学学生，已退学。其父母离异，现由父亲抚养。

几句简单的寒暄，小B也了解了小A的现况：一个时期前从就读不足半年的海淀区某职业高中退学。

或许是因为他们有同样的退学经历，在小A的引见下，小B很快结识了人称“大姐”的小E，以及她的“左膀右臂”小C和小D。后三者较前两个年长1岁，均已辍学。其中小E与小B一样，因父母离异，由父亲抚养。

5个少女由开始的自然亲近感而一点点熟悉起来。“吃喝玩乐”构成了她们生活的主要内容。渐渐地，社会经历最多的小E成了核心人物。“有福同享，有难同当，一人吃亏，大家帮忙”成了他们默认的口号。

5个少女每个月累计可从父母手中获取千余元，然而这并不能满足她们的消费欲。她们需要花钱的地方越来越多：歌厅、舞厅、迪厅、溜冰场……各种娱乐场所。

1997年元月某日，小E和小C走至六里桥附近，与刚刚放学的某校初二学生张某相遇。张下意识地多看了两人几眼，便勾起了小E的不满，一阵推推搡搡，张被吓得哭着求饶。小E灵机一动，计上心头："你看了我们半天，也该付点精神损失补偿金嘛!"

张马上领会迅速从兜里摸出20元钱，递到小E手上，连声解释：只带了这么多。

这不费吹灰之力得来的钱，成了小团伙的第一笔收入，这前后不足5分钟的片断，成为小团伙谋财的摹本。

3天之后，5个少女开始计划第一次有目的的行动。

这一天晚上8时许，5少女按计划在白石桥滚轴溜冰大世界附近徘徊，不久，他们注意到两个年龄相仿看似有钱的女孩从里面出来，便尾随其后。

路人渐少，小B主动上前搭话：

"你们玩得不错呢?"

"我问你话呢!"——小B不耐烦了。

女孩瞪了她一眼："好狗不挡道儿!"

这时，另几个少女也一起围上来。为首的小E轻描淡写地说："姐姐跟你们借点儿钱花。"

女孩见对方人多气盛也是一惊，但仍旧不予理睬，坚持不给。

小E一个眼神，4个少女上去就掴了女孩几个嘴巴，随后拳打脚踢。没过几分钟，两个女孩屈服了，跪在地上喏喏讨饶。

BP机、金项链、现金、口红。这两个女孩身上所有"值钱"的物件都落入了5个少女的口袋。从1997年1月至3月间，5个少女前后作案抢劫10余起，拦截与他们年龄相仿的未成年少女，共抢得传呼机、现金、衣物等，折合人民币4000元。

由于他们作案地点较为固定——多数在滚轴溜冰大世界附近，3月中旬的一天，也就是他们最后一次抢劫后，正在溜冰场内庆贺时，被一目击者认出，被公安人员带走。

从结伙到被抓获，时间并不长。但其堕落之快，行为之恶劣，绝不是一蹴而就的。“冰冻三尺，非一日之寒”，她们犯罪的原因当然很多，但是其中有一点是共同的。那就是和小E说的一样：“我快17岁了，这几年其实是我一个人过的。怎么说呢，当我看到被抢的女孩哭叫、求饶、说好话时，就觉得好玩。他们一叫我‘大姐’，我就觉得自己像个人，电视上的老大都是这样的。当然，这件事是我出的主意，我觉得我该像个老大照顾几个妹妹，弄些钱来。没想到……”

目前，涉及暴力、黑社会犯罪等题材的影视片比比皆是。对于没有辨别力或辨别力很弱的未成年人，暴力和黑社会带给他们的除了恐惧，还有刺激和好玩。抢劫案中的小E便明显的满足于被称为“老大”。而他们截道、围攻、羞辱等行为，无疑是某些警匪片中情节的翻版。

其次，生活中的大款、私车，报刊上的时尚消费，电视中频频出现的别墅、酒店……无孔不入地充塞着未成年人难以抗拒诱惑的头脑。而那些违反规定对未成年人开放的娱乐场所，给他们的高消费提供了最大的可能。据交代，五少女每次在迪厅的消费均在百元以上，没钱又想玩，就只好抢一些看起来比较有钱的同龄女孩。

在一项家长学校的问卷调查中，家长感到最难处理的问题之一，就是如何避免社会上的负面影响，选择这类题目的平均率达到35.9%。58.2%的家长担心一些电视节目对孩子有影响。这些家长提出：

第一，电视动画片过多，儿童节目过长。尤其是安了闭路电视的地区，可收26套左右的节目，其中一半频道在下午5~7点之间都是儿童节目。孩子常常看完一个频道，又换一个频道。第二，爱情内容过多。第三，外国卡通片过多，“充满凶杀打斗，渲染血腥暴力和魔鬼神怪，缺乏科学性、趣味性和童趣，既非神话又非童话，诱导孩子想入非非……”第四，电视内容严重脱离现实生活，热衷于为“老板”、“大款”、“明星”们歌功颂德等，宣扬物质主义。一个幼儿园孩子得了好成绩就向奶奶要奖励，理由是:“电视中答题比赛还给玩具呢，奶奶怎么不给?”那么，你是否也因孩子迷恋电视而烦恼?你是否也为电视中层出不穷的暴力、色情镜头而担忧?你是不是想让孩子从电视中走出来?

社会学家研究表明，**如果一个孩子整天沉溺于电视节目之中的话，不仅身体容易发胖，反应变得迟钝，性格孤僻，有暴力行为，而且还容易早恋，甚至草率发生性关系。**这一点人们已经达成了共识。尽管如此，很多家庭还是喜欢把看电视当成消磨时间的最好方式，因为家长和孩子一样喜欢它。

在美国每个家庭至少拥有一台电视。6~17岁的孩子中半数以上的卧室内有电视。在中国，许多调查表明，学生高中毕业时，他看电视的时间要远远超过干其他事情的时间，甚至超过他上课的时间。调查结果显示，2~5岁的孩子平均每天看电视4个小时，等到小学毕业时他们已经从电视上至少看到了8000多个色情、100000多个暴力镜头。即使是在特意为儿童播出的动画片中，每1小时中的暴力镜头还高达26个。电视节目成了很多家庭生活中不可缺少的一部分，现在很难说清究竟是我们控制着电视还是电视控制着我们。

不让孩子看电视当然是不现实的，因为电视与现代社会息息相关，孩子们不仅利用它娱乐，而且能学到各种知识。因此我们必须引导孩子正确收看电视，使它真正成为孩子们的朋友。

当有以下情况时，家长应限制或禁止孩子看电视。

——因迷恋电视不积极参加体育锻炼，减少和同学、朋友的交流，思维变得迟钝，缺乏想象力、创造力。

——因看电视而耽误正常的学习，不能按时完成老师布置的作业。

——电视干扰了正常的社交活动，孩子变得孤僻，不愿意和周围的人交往。

——节目内容与性和暴力有关，有大量暴露镜头，宣扬暴力是解决问题的唯一途径。

——宣扬陈规陋习，言语不当，歧视妇女，不尊重他人。

少年儿童由于年龄小自控力差，极易被感染，所以家长指导孩子正确收看电视节目是非常必要的。孩子们要面对那些对于他们来说难以理解和无法解释的节目内容。孩子到底应该看什么节目最终决定于你们——孩子的父母。

1. 父母要做个好榜样。

如果没人看电视或没有你喜欢看的节目，关掉电视。看电视时用遥控器寻找你想看的节目，不要毫无目的地从头挨个频道搜索。

2. 合理控制孩子的电视收看时间。

现在电视节目越来越丰富多彩，容易让人上瘾。因此家长就要适当控制孩子收看电视的时间。学龄前儿童每天看电视的时间最好限制在1小时之内，年龄大一些的孩子看电视的时间可以稍长些，但每天也不要超过2个小时。同时帮助孩子养成良好的收看电视习惯，如吃饭时不看电视。

3. 教会孩子充分利用电视报。

家长首先为孩子筛选节目，大一点的孩子，你们可以一起讨论制定一个适合他看的节目单。家长要和孩子多交谈多沟通，告诉他们为什么有些节目可以看而有些不能看。如果节目的播出时间与学习或其他活动相冲突，你可以用录像机把节目录下来，等到有空闲时间时再让他仔细观看。

4. 定时抽出一定的时间和孩子一起看电视。

不要让电视成为电子保姆，家长要定时抽出一定的时间和孩子一起看电视，以便孩子在看节目感到害怕或伤心时，家长能够及时地给以他们安慰。一项最新研究表明，家长和孩子经常一起看电视可以大大减少电视中暴力镜头对孩子的不良影响。

5. 要留意孩子看电视时的表情。

家长要经常注意观察孩子看电视时的情绪变化，如果发现他们脸上有恐怖或迷惑的表情时，要及时给他们安慰或解释。了解他们喜欢哪些节目，不喜欢哪些节目。当他们认为节目无聊，有暴力镜头而关掉电视时，你要表扬他并鼓励他继续这样做。

6. 必要时锁上电视频道。

限制孩子看电视的时间很有必要，那样他们才能完成家庭作业或者有足够的时间参加户外活动。不要让孩子因为看电视而耽误睡觉。如果节目带有暴力色情内容，你要毫不犹豫地关掉电视，但要向孩子讲明原因，让他们明白你的决定。为了避免你不在家时孩子偷看一些不合适的节目，你可以锁上电视频道。

7. 和孩子经常讨论节目内容。

经常利用电视节目展开讨论，鼓励孩子就节目内容发表自己的见解，能培养孩子的思维和表达能力。这不仅能促进孩子的全面发展，还能增进父母与孩子之间的交流，缩短父母与孩子之间的距离。当你全家发现一个节目非常有意义或特别糟糕时，鼓励孩子给电视台的节目主持人和制作人打电话、写信或发E-mail发表自己的观点。当电视上播放一个科学家的新发明时，可以鼓励孩子给科学家写贺卡。

8. 寻找其他活动替代看电视。

靠在沙发背上欣赏节目当然是件非常舒服的事，但不能因此而忽略了其实有益的社会活动，如正常的社会交往、体育锻炼、文娱活动等。粗暴地关上电视不让孩子看当然是不现实的，也是不可取的。因此我们有必要寻找一些活动来取代看电视。

——组织一些全家参加的活动。

传统的游戏和猜谜活动不受年龄的限制，为大家所青睐。饭后搞一些这样的传统活动，既能使家庭充满温馨的气氛，也能使孩子的智力得到开发。

——培养孩子的业余爱好。

兴趣广泛的孩子花在电视上的时间要比那些没有任何爱好的少得多。如果你的孩子没有业余爱好的话，你要抓紧培养他有某种爱好，如绘画、音乐、舞蹈、体育等。养成饭后散步的习惯也可以使孩子避免过度迷恋电视。

——让孩子和同学、朋友交流。

鼓励孩子到同学、朋友家或邀请他们到家来玩，扩大孩子的社交能力，这也不失为一种摆脱电视的好方法。家长要为孩子提供时间、空间和必要的物质去玩。玩是儿童的天性，他们能在玩中增长智力，同时玩也可使儿童摆脱肥胖症的侵扰。

——鼓励孩子多读书。

为孩子办个借书证、阅览卡，让他们尽情在书籍的海洋里畅游。最好建立家庭读书俱乐部，鼓励他们写读书笔记。

——把看电视办成文艺欣赏课。

把深受孩子欢迎或高质量的节目用录像机录下来，建立一个家庭影像库，和孩子共同欣赏。就有争议的节目进行讨论，培养他们独立思考问题的能力。教会他们怎样处理电视上出现的这些情况，培养他们的审美情趣和鉴赏能力。

总之，根据自己的实际情况，找到适合你自己孩子的方法，真正让电视成为你孩子的“好”朋友。

电脑迷

父母提示

现在已经进入了21世纪，科技发展日新月异，信息经济、知识经济的时代已经到来，不甘落后的你或许已经不惜血本为孩子买了一台电脑，原因只有一个——让孩子赶上潮流，不至于落伍，利用电脑好好地学习。可是事情真的是你想像的那样吗？你知道孩子用电脑在干什么吗？你知道电脑对孩子来讲意味着什么吗？

下面先看一篇报道：

今年春节，上网卡是送礼的热点，也成为孩子们眼中的“恩物”。春节假期结束时，不少家长都这样抱怨自己的孩子。节假日期间，这些“小网虫”每天上网时间都在六七个小时以上。广州市青少年研究所统计，“小网虫”中88.1%的人平均每月上网费用保持在100元以下，1.6%的人在200元以上。

而家住道里区经纬街的刘女士对记者说，她的女儿干了一件让她大吃一惊的事儿。唉！都是电脑惹的祸。

原来，在春节前，她刚上初一的女儿，在学校里学会了上网。刚放寒假没几天，白天在家里上了个商务网站，居然从网站上选择了1000多元的商品。春节刚过，网站的人送来了货物，并要求按“货到付款”方式结账，可是，这件事自始至终刘女士和她的老公一直都不知道，因此大吃一惊。

刘女士发牢骚:“以前，总担心孩子上网的安全问题，怕孩子接触一些不好的东西，现在，这个问题还没有解决，又出了这么一档子事儿，真是让当家长的头痛。”

当记者问及如何处理送上来的货物时，她说:“我选择了几件孩子确实需要的东西付了钱，其他的东西，在我们的一再‘抱歉’声中退了回去。”

的确，目前，孩子上网的问题引起了许多家长的关注，一方面家长们想让孩子上网接触一下新鲜事物，虽然不一定要出个比尔•盖茨，但也不能让孩子落伍；但是另一方面又担心孩子年纪小，识别能力差，怕孩子接触网上不好的东西，影响孩子的健康成长，尤其上中学的孩子正是处于成长的危险期内。

湖北大学大学生教育研究社2001年曾做过调查，抽样分析表明，89%的家长为孩子购置PC机初衷是帮助孩子跟上时代的步伐，开阔视野，掌握新知识，然而效果并不理想。实际上，在120个拥有家用电脑的中小学生中，约75%的学生把84%以上的时间用在游戏上。

更有甚者，一些不健康的内容通过“信息高速公路”传播开来。一位家长告诉笔者，他家12岁的孩子近来对电脑特别痴迷，起初我们以为他在玩电脑游戏，未加注意，只是督促他要先做完作业。有一天回到家，他推开孩子忘记关紧的房门，一下子被电脑不堪入目的画面惊呆了……

有的家长对小孩总和电脑“泡”上感到无奈，不得已只好折价把电脑转给他人。

看来孩子用电脑并不一定是好事。或许因为时代的原因，你对于电脑这个不管怎么说都是比较新鲜的事物有着一种陌生和神秘，那么就听一听专家的说法吧：

英国一些健康专家警告称，儿童学习使用电脑会使其面临受到永久性伤害的危险。他们称，目前已有数以千计的儿童在使用计算机后，身体已经出现了一些不良问题。英国医生利昂·斯多克称："我认为，我们正处在一个全球性灾难的开端。"即使成年人，由于长时间使用电脑或者是在电脑前姿势不正确，也会引起一些问题，如脖子、后背及肢体重复性劳损。但对于长期依靠计算机做作业或是打游戏的孩子们是否会面临肢体重复性劳损的危险，在英国还没有进行过重要的研究。因此，英国的医生们正在准备一份有关儿童患有与使用计算机有关的疾病的报告。

利昂医生目前正在澳大利亚从事这一问题的研究，他认为如果不对这一问题作出更多的调查并提出更多的解决办法，英国儿童所面临的情况将会非常糟糕。"这是第一代从他们的童年开始就使用计算机的孩子，而同时他们的肌肉和骨骼却正在发育。如果我们不能快点知道如何能让孩子们安全地使用计算机，那么我想我们将看到许多儿童由于使用计算机而患上各种疾病。"

信息时代，父母们既希望孩子们学会上网，又为孩子们会在网上干些什么而担心：是获取有用的信息，增长知识，还是浪费时间，和网民闲聊，或是更糟，偷偷涉足"儿童不宜"的禁区……

据电信部门统计数据表明，福州网民目前已突破20万。在这急速膨胀的网民队伍中，中小学生组成的小网民占了相当的比例，学生上网的利弊问题日渐成为人们所关注。福建热线近日针对该问题进行了一次调查，近60%的人认为中小学生上网弊大于利。

据福州晚报报道，随着电脑在家庭中的普及，不少家长抱着让孩子接触网络以增长见识的心理，鼓励孩子们上网。但不少家长很快就发现，上网的孩子们见面交换的是OICQ（一种网络聊天工具）的号码，津津乐道的五花八门的网上互动游戏。

66%参与调查的网民认为，网络上适合中小学生的信息匮乏，教育站点太少且质量不高，中小学生上网大多数是浪费时间，而且容易受网络上不良信息的影响。一位在初三任教的老师说，他班上有几个学生迷上网络聊天后，几乎每天都利用午休时间到学校的网吧上网，导致学习成绩一落千丈。据调查，上网玩游戏的学生约占上网学生总数的65%。因此，有关人士表示，对于学生上网应该给予一定的控制，并建议学校在给学生提供网络教学时，最好以内部局域网进行管理，筛选一些适合学生看的网页、网站。

在美国，每天登陆上网的小网民大约有1700万，比两年前增加了一倍。这些小网民以十几岁的孩子居多。预计5年以后，小网民的人数将超过4200万。

不能否认，信息时代的年轻人走到了他们父辈的前面。当许多父母尚是电脑盲的时候，他们的孩子早已成为网上的冲浪高手。随着他们的指尖在键盘上的跳跃，一个广阔的电子空间在他们的面前展开。他们可以打开电子信箱，阅读新来的邮件，也可以和朋友聊天，下载自己关心的体育比赛的积分；也可以登陆到自己喜爱的卡通网站，和加菲猫玩上一会儿，或是进入电子图书馆，为完成地理作业准备有关热带雨林的资料……

然而，网络世界就如同潘多拉的盒子，在它里面既包容了生活中所有的精彩，也装进了所有的阴暗和丑恶。而最值得人们警惕的地方，在于它不是把你带到外面的世界去，而是把外面的世界带进你的家。当色情、暴力和颓废的垃圾一窝蜂地涌进我们的居室，你还敢说网络是安全的吗?过去，可能你孩子只有外出才有可能碰上坏人，可现在，虽然他足不出户，但面对的同样是一个大千世界。他有可能在你的眼皮底下，进入其不该涉足的禁区，也可能遇上“网络强盗”，把他拉进某一个阴暗的角落，向他传授有关枪支和制作炸弹的知识，或让他参与密谋一起暴力事件。

迈克尔·汤普森，波士顿一位儿童心理学医生认为："处在成长期的孩子们总以为自己无所不能，更何况他们不会像成人那样，从每件事中都察觉出潜在的危险。他们根本没有意识到上网会有什么危险，因为这比起爬树可能会跌落致伤这样的事来，毕竟要抽象得多。

但是，我们也不能就此阻止孩子们上网。硅谷一位已是3个女孩妈妈的研究人员说："利用家长的权威阻止孩子上网绝对不是有效的策略，这会让互联网成为孩子们眼中的一颗'禁果'，千方百计地要去尝一尝。"

为了确保自己孩子的网上安全，成千上万的父母严密监视着孩子们的网上行踪，看他们到底在和谁聊天，有的甚至拆阅孩子的电子邮件。内华达州一位两个孩子的父亲说："我有权利阅读孩子的电子邮件，因为在孩子18岁之前，我要对他们负责。"

但是，也有父母认为，阅读孩子的电子邮件无异于私自打开孩子上了锁的抽屉，偷看他的日记。这等于破坏了父母和孩子之间的相互信任。

那么，对处于两难境地的父母来说，是否有更好的办法来帮助他们呢？

美国在线服务公司为在它服务范围内的父母开通了一项业务，即可以为他们列出最近收到的电子邮件的投递方地址，这确实让忧心忡忡的父母们受益匪浅，因为网上的这一服务，可以让父母们知道自己的孩子究竟在和谁保持频繁的联络。如果发现可疑之处，还可寻根溯源，打探一下那个地址的底细。

除此之外，还有很多工具可以帮助我们。如信息过滤器可以阻挡住那些令人讨厌的或是危险的内容；监控器可以告诉你浏览器正"游"向何方。还有一些软件，可用来对一些色情网站或其他令人讨厌的网站实行封锁。网络安全系统如此忠实地执行着你的命令，有时甚至闹出令人捧腹的笑话来。比如，当你把“性”(SEX)这个词贴上了禁止标签，信息过滤器就会自动拦截来自任何网站的有关内容，这样，你也就再不可能读到安妮·塞克斯顿的诗了。因为诗人塞克斯顿(SEXTON)的名字中有“SEX”的字样。不过，现在已有更为先进的过滤器可以避免此类笑话。一种名为“虚拟巡警”的零售软件，就可以让父母们按照自己的标准去决定封闭哪些网站。

还有一种名为“网络侦探”的新工具，可用来创建不得随意改动的数据库。因为一些精明的孩子现在已学会了如何从历史记录中擦去对他不利的证据，但有了这种软件之后，他就再也不能做任何手脚了。

不过，网络安全系统再高明，还是需要父母对孩子大胆的干预。波尼·费尔自称是“家庭网络警察”，她至少每个月都要将她那两个十几岁的儿子从网上下载的文件打开检查。她说:“不管孩子们在那儿或不在那儿，我都会这样做。他们也知道我会定期对他们进行检查。”

必须告诫孩子，不要未经许可就把个人的资料告诉网上的任何人，这就好比告诉孩子“不要吃陌生人给你的糖果”。而且，当你的孩子一坐到电脑前，你就必须时不时地站到他的身后，看看他在干什么。有些父母定期上网将自己孩子的名字或绰号键入搜索引擎，到孩子的网站上去看一看他究竟在那里说了些什么，而别人又对他说了些什么。

此外，电脑的摆放其实也不是一件小事。一个适当的位置可以让你有效地掌握孩子在电脑上的一举一动。还有一点必须引起父母们的重视，那就是保管好自己的信用卡。因为要想进入色情网站，大都要先键入有效的信用卡账号。

最重要的是，做父母的本身要勇于接受信息时代的挑战，不断学习电脑知识和上网技巧。新墨西哥州的一位律师汤姆·霍伦说，他从不检查他儿子的电子邮件，原因就是他根本不知道如何去检查。目前，像霍伦这样的父母电脑盲还有很多，他们根本不熟悉电脑的基本技巧和术语，更不用说如何上网去寻找孩子的踪迹了。其实，只要稍加学习，就可知道只要简单地点击一下浏览器工具栏中的“历史”，便可详尽地展示孩子最近访问过的所有站点。

只有当父母自己掌握了新的知识，才会真正赢得孩子的信任和尊重，并有可能为孩子提供切实有效的帮助。不管今天的孩子成长得多么迅速，当他们遇到问题时，依然希望得到父母的指点。可以说，父母是孩子最重要的引航人，同时也是他们最重要的网络过滤器。

波士顿家庭教育网的信息管理员吉姆·林奇说:“如果做父母的仅仅是走进孩子的房间，拔掉他们的电脑插头，那又等于做了什么呢?”

不爱劳动

父母提示

劳动，是人的立身之本，但这一传统美德在年幼一代已经都快失传、衰退了，怪谁?

劳动观念的培育，是青少年教育中的一大课题。尽管多年来有关各方为此作了大量努力，但仍存在不少值得重视的问题。

劳动，这两个字是神圣的。因为“劳动创造了人”。然而，关于劳动与“劳动教育”，目前在学校和家庭中，到底占有什么位置呢?一项小学生现状调查表明，在一至五年级1270名学生中，选择“坚持自己洗脸、穿衣、盛饭”的占55%，而“自己有时干，有时不干或根本不干”的占45%。另一项“家庭环境对学习影响的调查与分析”表明，在“最能引起家长高兴的事”中，勤快、爱劳动排列在“成绩好”、“诚实”、“身体健康”、“积极上进”、“听话顺从”之后。

看来劳动意识的淡漠并不是少见的现象，不爱劳动已经成为当今孩子的一大特点：

镜头一：

新学期开学的一天，某小学组织学生大扫除，热闹非凡。孩子们蹦蹦跳跳地进了教室。没曾想，后面却跟了一大帮人，有拿着脸盆的白发爷爷，有拿抹布的驼着背的外婆，也有拿着鸡毛掸子，包着花头巾的漂亮年轻的妈妈，更有甚者，干脆带来了家里穿花褂子的小保姆。

大人们手忙脚乱地搬桌椅、扫垃圾、掸灰尘，而把孩子们全都赶到教室外面。

孩子们在教室外面观看大人们的“扫除大战”，无所事事，便小声谈论起来：“爷爷听说我要来大扫除，急得要命，打‘的’来学校帮我干活呢。”一个孩子神气地说。

“我外婆说我的手又白又细，根本拿不动拖把。”一个女孩细细的声音。

“我妈今天特意向单位请了假，来帮我大扫除。”一个男孩，手插在裤袋里，一副轻松自在的神态。

“我爸爸平时老要我多劳动，说劳动能锻炼人，可他今天偏要来学校帮我，说话不算数。”另一个男孩倒有些委屈，看来他还是很想参加大扫除的。

“我妈也有些过分，她非得让小保姆跟着我到学校来，真不好意思。”站在一边的女同学红着脸跟着说。大家不约而同地去看教室里面的小保姆，她正起劲地在抹玻璃窗，几个同学忍不住哈哈地笑起来，那女同学越发地难为情起来，低着头，一声不吭。

镜头二：

某重点大学招收新学生，开学第一天，学生大都由父母陪同而来。林晓川的父母也喜滋滋地送他来学校报到。谁知，林晓川像局外人似的在一边呆立着，而父母除了帮他办好一切入学手续外，还得为他扛着行李，去学生宿舍打扫整理，临走了，还一一叮嘱牙膏放在这里，茶杯放在那里，总之，一百个不放心。林晓川已习惯了父母为他包办一切，望着父母远去的身影，他的心一阵失落和怅惘，口里讷讷地说，“以后我可怎么办?”他想起那些在家的日子，父母从不叫自己干家务，只让他一心一意读书，他从小到大，没洗过一只碗，也没洗过一块手帕，有时，即使他想去帮父母干些什么，他们也会把他推开，叫他安心读书，父母从未与他谈起过“劳动”两个字，他可以说从小就缺乏劳动观念。

劳动——是人的立身之本。劳动创造世界，劳动创造未来，劳动创造美好的人生，劳动创造财富。劳动是产生一切力量、道德和幸福的源泉。

有关部门曾公布过一份有关世界各国小学生每天劳动的时间统计资料，十分令人震惊和忧虑。

资料显示：世界各国的小学生每天参加劳动的时间，美国为1.2小时，韩国为0.7小时，法国为0.6小时，英国为0.5小时，日本为0.4小时，而中国仅仅为0.2小时，即每天12分钟，居末位。

劳动时间的对比引起有关青少年问题研究专家忧心忡忡地发出了“0.2黄牌警告”，他们指出：“……中华民族的勤劳传统在年幼一代已经失传、衰退了，这是严重的危险！”面临危机，面临挑战，0.2黄牌警告引起我们许多思索……

对孩子进行劳动教育，在物质生活越来越丰富的现代社会，显得格外重要。卢梭曾经说过：“节制和劳动是人类两个真正的医生。”阿德勒也曾说过：“被宠坏的孩子长大以后，很可能成为我们社会中最危险的一群。”

孩子是社会的人，他们的社会参与必须具备良好的素质，而劳动就是孩子社会参与的素质准备之一。因此，父母们不要有意无意地剥夺了孩子参加劳动的权利。劳动教育是家庭教育的重要部分。通过劳动，让孩子学到知识，得到意志的锻炼，提高生活的能力，培养他们从小具备吃苦耐劳的精神。

郑玲玲是个独立性很强又非常懂事的三年级女孩，她的妈妈对她培养教育十分细心。在她刚学会走路时，妈妈洗衣服，就让她在一边看，慢慢地把小手帕放到脸盆里让她自己洗。随着年龄的增长，她学会了许多家务活，妈妈出差去了，她就能独当一面，自己照顾好自己，她会洗衣做饭、自己洗澡洗头、扫地、擦地板，做事情干净利落，有条不紊。她的学习习惯也很好，作业完成得很及时，字写得清清楚楚。学会独立思考，考试成绩都在95分以上，而且她平时还乐于帮助别人，富有同情心，是个品学兼优的好孩子。她的妈妈很有感触地说:“我觉得如果对孩子从小过分溺爱和操心，实际上已无形中剥夺了孩子学会和掌握生活本领的权利。现代社会，充满竞争，如果不让孩子学会独立、增强责任心，万一有一天，靠山倒了，她稚嫩的肩膀能顶得住吗?”

可以说，郑玲玲同学的妈妈是年轻父母中比较有思想或是比较有头脑的家长，她现在就能清醒地意识到应该及时让孩子接受劳动教育。现代社会要求人的独立，要求人的劳动和奉献，一个没有劳动观念的人是谈不上为社会服务，为人类作贡献的。

肖凡是个长得虎头虎脑的男孩子，平时在家里爸爸干的家务最多，他都看在眼里，只要有空，他就帮爸爸倒垃圾，洗碗，还学着洗自己的衣服、袜子，看到他这么主动地干家务，爸爸妈妈常表扬鼓励他，这使得他从小劳动的意识就很强。读四年级时，有一次，爸爸外出了，当他看到妈妈的自行车在楼下没法搬上来，他就自告奋勇对妈妈说:“我的力气很大，我来帮你搬上楼去吧。”在妈妈默许的眼光下，肖凡鼓足劲搬起了自行车，虽然车身很沉，但他努力地把自行车一直搬到四楼，头上冒出了豆大的汗珠，圆脸变得红扑扑的，他抹了一下汗，开心地笑起来，一副小小男子汉的样子，妈妈感动得直拍他的肩膀。事后，肖凡的妈妈刘索萍说:“当时，我担心他人小搬不动自行车，想阻止他，但看他那兴高采烈的样子，如果这时候不让搬，无疑是给他的积极性泼一盆冷水，也许还会伤害他的自尊心。肖凡在家庭里很有一种责任感，这使我感到欣慰。我想，让肖凡从小接受劳动教育，对他今后的成长大有好处，让孩子学会劳动，首先成为一个劳动者吧，当他走上社会以后，他也会成为一个勤奋、努力的人。”

现在的孩子是跨世纪的一代人，未来有光明、有辉煌，但也有许多的坎坷。我们的父母们，应该让孩子具备各种能力，其中包括劳动能力，不要让这种能力衰退，不要过多呵护，宠爱自己的孩子，让自己的孩子在童年、少年时期多经受一些磨难和挫折，多流淌一些汗水。因为，勤快的人会让汗水浇开幸福的花朵，懒惰的人惰性会淹没倦怠的生命。

那么，孩子不爱劳动，是否该责怪孩子？

下面让我们听一听孩子的说法：

陈之光（六年级）：早晨上学前，我下楼到车棚推自行车，发现自行车没气了。于是，我就朝楼上大喊：“爸爸，自行车没气了。”我爸爸就会下楼来给我自行车打气。因为平时爸爸不让我打气，总说会把我衣服弄脏，时间长了，自行车一没气，我就叫爸爸。

王黎黎(四年级)：早晨起床后，我先洗脸，而妈妈已经把早饭做好了，我吃完以后把碗筷一放，就背起书包上学。妈妈从来不让我洗碗，说还是她自己收拾得快，让我早点去学校。

余磊(三年级)：有一次，我得了一张劳动奖状，高高兴兴拿给妈妈看，谁知妈妈说，这有什么用，难道你大了想去扫马路？

徐佳佳(初一年级)：我们去参加军训，妈妈关照我，把换下的衣服拿回家让她洗，她嫌我洗不干净。

类似这样的情景，在不少家庭中成了常见的现象。正因为如此，有位学生用羡慕和无奈的口吻说：“我，堂堂的高中生，16岁了，连饭也不会烧，甚至从未自己点过煤气。有时望着妈妈熟练地摆弄着煤气，心里真羡慕，但我只能偷偷地瞄上几眼，随即溜回房间看书。我是多么想自己动手做成一桌菜，好让他们坐在房里看书或电视啊。”可见一些孩子的劳动“权利”往往被家长“好心”地剥夺了。生活中有许多本该由孩子自己承担的责任，被家长包办代替了，使得孩子在这个年龄阶段应当具备的劳动能力减弱或丧失。

常常听到一些家长抱怨自己的孩子不懂事，动手能力差，家务劳动一点儿也不肯做……，那无可奈何之情实在令人为之心焦。然而，只要稍加观察就不难发现，这一后果的责任并不在于孩子。的确，有些家长一味地溺爱孩子，怕他们吃苦，怕他们受累，于是精心护理，百般呵护，以至于孩子懒惰成性，家务劳动自然一点儿也不肯做了，有的同学甚至在轮到做值日生时，竟然出钱让别的同学为他去做；另有一部分家长则是出于对孩子的不放心，总嫌他们做事不利索，参与家务是“越帮越忙”，干脆事无巨细大包大揽，久之也就淡化了孩子的劳动意识；长此以往，孩子的眼中固然不会有劳动的概念。结果却是家长们的付出与他们的期望值并不能成正比，抱怨的产生也就成了必然。

那么，如何对孩子进行劳动教育呢?

首先应是整个社会大环境都重视劳动。学校尽可能创造机会、利用机会让孩子参与劳动，包括参与社会的公益劳动。

目前，在对学生进行劳动教育时，增加了一些新内容，如杭州市就开辟了小和山学农基地，分期分批组织学生去进行劳动锻炼，让孩子学会独立生活和自主的能力。

另外，家长们要改变观念。有的家长评判子女好坏的标准严重失衡，“小孩成绩好，一‘好’遮百丑”的想法，在一部分家长中十分突出。有位家长说，孩子懒一点无所谓，大不了我当个“高级保姆”算了，而成绩不好，那就完了，将来不是我当保姆的问题，而是饭碗有没有的大问题。所以家长拿到成绩手册，关心的是分数，什么劳动不劳动都在其次。更有个别家长认为：懒，仅仅是可能变“虫”的问题，分，却是关系到将来是否成“龙”的问题。

无数事例证明，**让孩子承担适量的家务劳动，不仅可以锻炼他们的生活自理能力，更重要的是可以培养孩子的一份责任感，而这种责任感一经形成，它所产生的影响是多角度的，也是深远的。**孩子的命运有一半是父母创造的，孩子的习惯也大都是父母培养的，可是在不知不觉中孩子已养成了不爱劳动的坏习惯时，父母偏偏又会埋怨孩子而忽略了自己的过失。如果使孩子长期处于只享受权利而不尽义务的特殊地位，他就不懂得劳动是一种美德，也意识不到劳动果实来之不易，更不知道尊重别人，关心他人。

以上种种偏差和现状，都给劳动教育带来难度，还需大家共同努力。俗话说，经常使用的钥匙总是亮闪闪的，社会在发展，只要社会依然重视劳动，学校和家庭应更多地利用各种机会培养孩子的劳动意识，让他们参与劳动，亲手创造幸福。

“手是头脑的老师”，动手非常重要和必要。劳动者是纯朴而高尚的，家长可以在家庭中让孩子参加一些简单的家务劳动，比如让他们扫地、擦桌子、洗碗、洗菜、倒垃圾等等，应坚持每天让他们干一两件家务事。关键是让他们养成劳动的习惯。家长无论是从自己的未来着想，或者是从孩子的未来着想，也应先从培养自己孩子一种责任感做起。

我们一起来听听孩子们谈他们通过劳动获得的真切感受吧。

刘晨岗(二年级)：星期天，我要求妈妈中午让我炒鸡蛋。妈妈同意了。我照妈妈教的方法打鸡蛋，看看容易，谁知做起来却比较难。妈妈在一边指导我，我紧张得头上冒出一层汗，终于将鸡蛋炒好了。我夹起一块鸡蛋，放进嘴里尝一尝，我觉得比任何东西都好吃，因为鸡蛋是我第一次自己炒的。我想，以后我还要学会做更多的菜。

陈雁(五年级)：我经常在家帮爸爸妈妈烧饭、洗碗，还天天打扫卫生。我认为做一些家务，能培养我们的独立自主能力，还能培养我们的耐心。做家务还是一种帮爸爸妈妈分担辛苦的方式。

范启扬(初中一年级)：在假日里，我帮着整理房间、打扫卫生，有时也去买一些小菜。我认为家务劳动是体力和脑力互为一体的，能提高自我素质。真正重要的是参与，有份好心情，我相信“一滴汗水，一分收获”!

朱飞(初中二年级)：我经常在家中做家务，如洗鞋子、拖地板、擦桌子、扫地、洗碗。我认为做家务是自我服务，而且通过自己干，就会明白母亲干家务的辛苦。

金李君(初中一年级)：我在家经常做一些家务活，如叠被子、抹桌子、扫地、洗衣服、拖地板等。我想作为一名中学生，已不是一个在妈妈怀里撒娇的小娃娃，应该做些简单的家务来减轻父母的负担。另外，经常劳动能培养我们的动手能力，为今后坎坷的人生奠定基础。我是一个女孩子，更应锻炼自己有一双灵巧的手。

孩子们对劳动的感受真实而生动，他们的一些想法也许对父母会有一些启发，请我们的父母们重视孩子的劳动教育，给他们真正的爱。

高消费

父母提示

高消费——我们的家长用善良的愿望铺成一条通往地狱的路，再用金钱驱赶着自己的孩子在这条路上越走越远……

春节刚过，城里孩子们大把的压岁钱将怎么花?家住成都双楠小区的周女士做梦都没想到，14岁的儿子竟会将压岁钱拿去请同学洗桑拿!

今年春节，周女士的儿子涛涛光从家中爷爷、奶奶、叔叔、阿姨处就得了1000多元的压岁钱，加上外公、外婆、舅舅及单位一些同事给的起码不下2000元。2月1日下午，涛涛嘀嘀咕咕给几个同学打了很久的电话，6点半时说了声到同学小斌家就出门去了。8点过涛涛还未回家，周女士只好打了个电话到小斌家去。结果找了好几家都没有儿子的消息。无奈，周女士只好在家中苦等，直到10点过涛涛才回家。

在母亲严厉地逼问下，涛涛才说他用压岁钱请小斌、凡凡等3个同学洗桑拿去了。他们先是在麦当劳吃了饭，8点半就打的一起洗桑拿去了。洗头、搓背、洗脚共用了600元钱。

涛涛说，他与其他3位同学关系很“铁”，大家平时经常在一起，打游戏、看电影、吃火锅。于是，这次就想创创新，以前常看见大人请朋友上洗脚房洗桑拿，因此，他就想到了请同学一起洗洗桑拿，轻松轻松。

母亲困惑茫然了。

眼下，城市中的不少中小学校流行高消费的不良风气，超前消费、畸形消费等在一些中小学生当中愈演愈烈。

食品消费：向广告看齐。在对某市一所普通中学调查发现：有买零食习惯的学生占整个学生总数的66%。许多中小学生的早餐，不是“好吃看得见”的方便面，便是“口服心服”的八宝粥，晚餐常常是口服液、钙奶。不少中小学生，对新闻媒介宣传的食品广告情有独钟，以吃广告食品、喝广告饮料为荣。

人情消费：向父母看齐。不少中小学生反映，他们的人情消费是从成人社会交往活动中学来的，尤其是跟父母学来的。某中学高中一年级的学生小李子16岁生日，班上几十个要好的同学每人出50元，将生日蛋糕和礼品送到小李子的家。小李子的父母为了不让儿子扫兴，索性将儿子的同学全部请到饭店，花上几百元设宴款待他们。据不完全统计，仅一个有2000多人的中学，每学期人情消费就达2万余元。

服装消费：向名牌看齐。少男少女，崇尚名牌产品现象越来越严重，许多孩子穿的是几百元一双的耐克鞋，1000多元一套的西服，尤其是一些爱打扮的女孩子喜欢涉足“精品屋”，流连于“时装街”，为追求名牌不惜一掷千金。

美容消费：向明星看齐。据一家美容店老板介绍，他曾遇到不少崇拜明星的中学生来美容，更令人忍俊不禁的是，还有男女中学生来问可不可以做刘德华的鼻子、张学友的眉毛、刘晓庆的脸型、巩俐的嘴形、赵薇的眼睛。

如此中小学生高消费带来的消极后果是相当严重和不容忽视的。主要表现为：

喜新厌旧，物质享受永不满足。不久前在一次某中等城市的调查中，被调查的50名孩子全部为独生子女，父母俩的月收入均在600元以上，高的达1000多元；孩子每人每月零花的费用平均为80.4元，最高的达300元。孩子家庭经济状况的好转，给孩子饮食营养、智力开发提供了物质条件。但是，物质上的过分满足，也导致部分孩子形成贪图享受、永不满足、喜新厌旧、不爱护物品的坏习惯。据调查，对新玩具的兴趣，41.4%的孩子只有2~3天（有的只有几小时），31.7%的孩子有一星期左右，只有2个孩子的兴趣在20天以上。这就是说，一件玩具还没有玩过几天，就希望更新了。这样，不少孩子对旧玩具，也就抱着无所谓的态度，认为丢了也不可惜，反正爸爸妈妈还会买新的。有的孩子还随意毁坏玩具，撕破图书，玩完后则乱扔乱放，从不妥善保管。这样又加快了“更新”的速度。由此可知，校园内常有丢弃的手帕、钢笔、笔记本等无人认领，也就不足为奇了。

有求必应，造成索取欲不断膨胀。调查发现，67%的家长对孩子的要求是有求必应，结果造成部分孩子的索取欲不断膨胀，而且在孩子心理上助长了只有权利感，没有义务感；只知接受别人爱，不知爱别人的不良习惯。家长过分的“关心”，使孩子有条件择吃挑穿。调查表明，50名孩子中，挑食的孩子占56.2%，挑穿的占50.7%。难怪有的孩子家长巴不得一整天都将孩子放在学校里，因为在家中孩子不仅仅是“饭来张口”，还经常会“饭来不张口”，横挑竖拣，永无休止。

金钱占有欲的萌发。在一次游戏中，我让小朋友用“包”字组词。他们讲了许多“包”，如书包、邮包等，但重复最多的是“红纸包”。课后孩子们告诉我，他们最喜欢的是红纸包。

为什么呢?因为他们知道金钱的魅力。新春佳节，孩子们跟着父母走亲访友，就像是去“收租”，大量的红纸包从亲朋好友那里流进孩子的口袋。据调查，去年春节，最多的一位孩子收到红纸包22只，共2000多元钱，最少的一位也有200元左右。一位家长还告诉我，孩子去拜年，拿不到红纸包就赖着不肯回家。这种现象的发生，实在令人忧虑。

时下，高消费现象已深入到中小学生中并日趋严重，孩子们为了摆阔气，肆意挥霍家长的钱，而家长们出于爱子之心，尽量满足孩子们对金钱的奢求，也不管孩子用钱是否恰当。有的家长还为了“面子”，给孩子的钱远远超过孩子实际所需要的。因此，从某种意义上说，中小学生违法犯罪的始作俑者即家长自己，家长一旦不能满足孩子们增大了的物质需求，孩子就会以偷盗、抢截、敲诈等不法手段满足自己的享受。

我们在大量的案例分析中发现，不少中小学生违法犯罪的动机非常简单：有的为打电子游戏无钱而抢劫，有的为摆阔气无钱而偷盗；有的无钱买零食吃而敲诈同学……。难怪有人说，我们的家长完全是在用善良的愿望铺成一条通往地狱的路，再用金钱驱赶着自己的孩子在这条路上越走越远……

孩子高消费主要与父母的下述不良心理有关：

溺爱心理。当今独生子女是家庭中的宠儿，许多家长把孩子视为“掌上明珠”，他们对孩子百依百顺、娇宠无度。为了孩子吃好、穿好、玩得开心，他们自己可以省吃俭用、勒紧腰带。在父母的娇惯下，孩子的物欲日益膨胀，“品味”愈来愈高，导致幼儿消费日益高涨。

攀比心理。有些父母为幼儿购物不是考虑孩子的实际需要，而是为了攀比，认为别人孩子有的东西，自己孩子也应该有。一位家长为3岁的儿子买了百来块钱的手表，其理由是孩子班上的其他小朋友有。

显耀心理。有些家长让孩子在吃、穿、玩等方面都比其他孩子高出一筹，以显示自己的阔绰。

补偿心理。有些家长过去经济条件差，受了许多苦。现在经济富裕了，认为应该给孩子充分的物质享受，以补偿自己过去的缺憾。

对此，家长们首先应该充分认识到以上这些心理都是不健康的。用孩子来显耀自己，用孩子来补偿自己的缺憾，从本质上讲，是一种自私的行为。无原则的溺爱、讨孩子的欢心，说严重一点，实际上就是把孩子当宠物。**父母过多地满足孩子的要求，会使他们逐渐养成贪图享受、奢侈浪费等不良习性。**当物欲难以满足时，还可能诱发犯罪行为。同时，父母的不良心态也会潜移默化地影响孩子，使孩子从小就养成爱虚荣、好攀比的不良心态。因此，要使孩子健康成长，父母要从自己做起，改变不良心态。有了理智、健康的心态，才会有明智之举。

另外，合理为孩子购物。有些父母不惜代价满足孩子的要求，甚至强加给孩子消费，其目的是为了使孩子高兴，但结果可能适得其反。把孩子的物欲填得太饱和了，实际上等于剥夺孩子的快乐。孩子的物欲满足得太容易了，孩子就会失去许多意外的惊喜和欢悦。也许大家都有一个共识：城里孩子过年已没有贫困山区孩子过年时的那种欣喜。因为城里的许多孩子生活得太容易了，他们对于新衣裳，压岁钱和丰盛的佳肴已不足为奇了，而那些贫困山区的孩子们还要久久地期盼着。一旦那久久的渴望变成现实，他们便会欣喜万分。这就告诉我们：孩子的欢乐并不与物质的满足成正比，物质的满足越容易，满足后的快乐程度则越小。因此，为了让孩子真正地获得幸福和快乐，不是过多地给予，而应有所节制，而且还要学会合理地为孩子购物。

给孩子购衣，重在实用、舒适，而不应追求高档、名牌；给孩子选购的玩具，要符合孩子心理年龄特征，利于孩子心身发展。有些父母为2~3岁的孩子购买价格昂贵的变形金刚，孩子摆弄几下就不感兴趣地扔在一边，实际上，价格昂贵的变形金刚并非适合于这一年龄的孩子。当今，有些父母认为，玩具越贵，越有利于开发孩子的智力。这种想法是错误的，价格和实际功效有时并不一致。现在一切玩具都是购买的，从某种意义上说，不能不说是一种憾事，有时让孩子自己动手做玩具，反而对孩子更有益。父母引导孩子自己做玩具不仅节省了费用，更重要的是锻炼了孩子实际动手能力，激发了创造力。不少发明家受益于儿童时期的手工制作。

在饮食方面，应重营养成分，而不应追求高级补品、营养品等。笔者认为西医所提倡的“利用最普通的食物达到最合理的营养”值得我们家长的借鉴。事实上，除了病人，正常人所需的营养成分一般都能从常规食品中获得。比如燕窝，其中主要成分是蛋白质、钙和氨基酸。钙可以从牛奶中获取，蛋白质可从肉中获取，从牛奶、肉中获取钙、蛋白质比从燕窝中获取经济得多。燕窝之所以如此昂贵，主要是由于稀缺。

第三，在各种不良风气的影响下，孩子可能会提出一些非分要求。父母不应姑息迁就，而应坚持己见，绝不退让；树立权威，大胆管教；齐心配合、互补互利。美国加利福尼亚大学哲学博士詹姆斯•多伯森甚至认为，对于孩子不合理的反抗性挑战行为，可以用打屁股的手段来解决。当然打屁股不应造成任何伤害，孩子觉得疼痛即可。打完屁股，孩子被制服后，要施以爱。要让孩子懂得，否定的不是孩子其人，而是他的错误行为。有些父母对孩子的反抗行为或错误行为进行斥责式体罚时，没有及时地施予爱，造成孩子对父母的敌对心理，并使孩子有一种被遗弃、被忽视的感觉。这也是父母教育的失败。父母应做到，既严格管教，又体现爱心，使孩子在受到“严教”时，又能感受到家庭的温暖。

第四，根据孩子特点，进行消费教育。父母可用生动、形象的故事，说明高消费不合理消费带来的害处。如可以讲《小熊拔牙》的故事，来告诫孩子不能吃太多的甜食、零食；可用现实的例子说明合理消费的重要性。家长可以向孩子讲述我国贫困山区的孩子吃不饱、穿不暖、上不了学的艰苦生活。动之以情、晓之以理。这样做既有助于培养孩子节俭的习惯，又可以增强孩子的爱心。

早恋问题

父母提示

关于“早恋”，我们听说的故事太多太多，而这样的故事却不停地一版再版。

有这样一幕：

在深圳市福田区福民路众孚大厦前面的马路上，经常会见到几个男女学生手拉手前行。他们都穿着学生装，还背着书包，又搂又抱的样子却让人感觉“不对劲”。

突然，其中一个男生拥着身边的女生来了一个亲吻。这一“显眼”的行为，令路人大吃一惊，纷纷向他们行“注目礼”。女生低下了头，脸红红的，那个男生却毫不在意，仍大模大样地牵着女生的手。

在路边绿化带，成双成对的学生坐在石凳上，书包扔在一旁，只见其中一个女的躺在男生腿上，男的抚摸着女生的头发，两人含情脉脉，俨然一对情侣；另一对则紧紧拥抱，好久好久都不见分开。旁边许多行人对此摇头叹息。

在福民路与新洲路交叉的公交车站，十来个男女学生或站在路边，或坐在护栏上。其中有一对，男的坐在护栏上，女的站在身边双手搂着他的腰。一个较胖的男学生亲吻一个女生，两人抱在一起。旁边几个男女同学好像习以为常，对此熟视无睹。

夜色渐浓，一对相拥很久的学生情侣要分手了。男的恋恋不舍地上了一辆中巴，女的站在旁边等车。

晚上8点多钟，福民路上的学生情侣才消失。

据一个在福民路卖报纸的女青年说，这些学生早上六七点钟去上学，在公交车站缠绵一阵后才分手，下午放学，又在公交车站相拥接吻，这远远超出了同学关系。姓陈的一位路人说，这些学生情侣大概是附近几所学校的，学校应该管一管。

福田区教育局一位负责人称：福民路学生情侣现象只是冰山一角，反映了学生早恋的社会问题。这些年，家长们对自己的孩子管理也严，学校也加大了宣传教育力度，但效果并不好，这个“社会难题”，并不是说解决就能解决的，需要全社会来共同关注。

确实，“家长们对自己的孩子管理也严”，然而，“效果并不好”，为什么?这就值得深思了:“什么是‘严’?怎样做才算‘严’?解决早恋，就一个‘严’字了得?”

关于“早恋”，我们听说的故事太多太多，而这样的故事却不停地一版再版——

2000年8月12日下午，乐至县公安局接报：民胜村13岁的刘亮被人勒死于自家柴堆中。干警火速赶到现场：只见刘亮平躺在柴堆上，脖子上还挂着书包，脸色铁青，嘴唇青紫。法医鉴定：刘亮是生前遭受他人勒系颈部窒息而亡。

有群众反映：8月12日中午，刘亮是和他哥哥刘力一同回家的，但案发后已不见了踪影。

经多方查找，终于在乐至县城找到了刘力，他的陈述令人瞠目结舌。

刘力的父亲是个体司机，母亲在城里经商，刘力是某中学初二的学生，在老师印象中，表现良好。兄弟刘亮是小学五年级学生。

去年6月的一天下午，刘力和几个同学约好一起到游乐场玩了一下午，以此来庆祝他们几个人所组成的学习互助小组第六次夺得“学习进步最大小组”的流动红旗。玩累之后，各自回家，本来小雯是坐车来的，回家本想再去坐车，可是还得倒两次车，又怕路上堵车，回去太晚父母会担心，于是热心的刘力便主动提出用自己的单车驮她回家，小雯也没拒绝，说了句谢谢就和刘力一起和别的同学分了手。谁知，快要到小雯家的时候，正好被刘力的弟弟刘亮看见，回到家后，就把这事和妈妈说了，刘力的妈妈一听就火冒三丈，自己辛辛苦苦、累死累活，儿子竟然在外面谈恋爱，真是岂有此理！

刘力兴冲冲的，一进家门就感觉到不对头，果然，母亲问他今天干什么去了?和谁在一起?已经多长时间了?发展到什么程度了?

刘力一听就知道母亲误会了自己，于是就解释，可是母亲怎么能听得进去?大骂儿子不孝，做错了事还不敢承认。刘力满心的委屈，觉得不能这样蒙受不白之冤，于是又打电话和当天一起玩的那几个同学说了一下，让他们替自己作证，可是这样更让他的母亲气愤——好呀你，不但自己狡辩，还找来同学做帮手！这简直就是作孽！

晚上，父亲回来了，听说以后，也是很生气，不但也骂了刘力一通，而且打电话给刘力的班主任，让班主任严格管教，不能让孩子打着学习的旗号来谈恋爱。

面对父母的不听解释、无理取闹，刘力也没有了解释的欲望。

更可气的是，班里的同学很快就传出了他俩的谣言，而且有鼻子有眼，就跟真的一样，刘力再也学不进去了。

孩子的心理承受能力是有限的，来自家庭和学校的不理解、取笑和冷落，使得刘力的心凉了，他想，与其这样下去，还不如像他们说的那样，我真跟小雯好，反正大家都是公认的了！于是他真的写纸条了，而小雯也几乎崩溃了，不知所措，她听刘力说的有道理，便也答应了，于是他俩真的好了。刘力父母知道后，大发雷霆，坚决反对二人来往。但刘力对父母的反对置之不理，仍与小雯往来。7月11日刘力因此还挨了父亲几耳光，可他依旧与小雯来往。

7月28日，刘力的父母发现他还在与小雯来往，又打了他一顿，并称：若不及时与小雯断绝来往，这个家就是弟弟刘亮一人的，没刘力的份。父母的话深深地刺痛了刘力，逆反和报复心理滋生出来的仇恨，他暗下决心杀死弟弟，报复无情的父母，让他们尝尝失去亲人的滋味。

8月12日，弟弟刘亮在县城玩了一天，父母叫刘力将刘亮送回家中去。回家后，刘力偷偷准备好了一根铜芯线，趁着弟弟刘亮弯腰折被子之时，将他死死勒住，见弟弟断了气，才将尸体移至柴堆上，将书包挂在其脖子上。事后离家而去。

近日，乐至县人民法院以故意杀人罪判处刘力有期徒刑15年，法官向记者介绍说：这是因为刘力尚不够18岁的法定成人年龄缘故，不然将给予更严厉的惩罚。刘力的父母为自己的不良教育方法追悔莫及。

对于“早恋”(姑且这么说)，广大父母的心态比起“早恋”中的少男少女，其实并不见得成熟到哪里去。对于自己孩子的所谓“早恋”现象，父母的心是慌乱的。尽管几十年前，他们走过的爱情之旅，就可能尝过早恋的酸甜苦辣，尽管他们的那一段又酸又甜的早恋后来发展成为幸福永久的爱情，尽管他们也为了自己的早恋和自己的父母进行过斗智斗勇的对抗，但是，当他们站在过来人的立场上，再一次看到自己的孩子走上当年那条熟悉的“爱情之旅”时，他们彻底变了，变得不知所措，甚至不近人情，对孩子威吓怒斥，恨不得能一下子掐灭着刚刚生起希望的星星之火。这表明，我们父母对早恋相当感性和肤浅，甚至可以说，有些父母在还没有真正考虑过什么是早恋之前，就想当然地把男女同学之间的正常交往看作是早恋，把早恋看成是洪水猛兽。

一个人的情绪、气质、品质，至少有相当一部分打上了深深的家庭烙印，对于孩子来说，家庭是孩子赖以生存的物质生活空间，一个健全而又充满民主气氛的家庭，是他的爱逐步成长的摇篮，他在这里受到别人无微不至的关心和爱护，情感需求得到充分的满足。父母可以聆听他的心里话，在必要时期还可以给予必要的指导和帮助，使他明辨是非，富于理智。同时，对于缺乏父爱或者是母爱的孩子来说，孤独是难免的。他们无法在家庭中获得满足，就会更加渴望与异性建立一种亲密关系。这样的孩子非常愿意和异性进行精神上的交往和肉体上的亲热。因此，父母要不停地追问自己，我是不是在爱自己的孩子?我这样做是爱孩子吗?刘力的家长要是好好地一想，就会避免悲剧的发生。

“青年男子谁个不善钟情？妙龄女子谁个不善怀春？”这是郭沫若翻译的德国诗人歌德的著名诗句。正如诗人接着说的:“这是我们人性中的至圣至神。”青少年的性意识、性好奇的产生是无法避免的，是生理成熟的自然现象，然而它是可以引导的。一些心急如焚的家长往往忽视了孩子的心理变化，不注意引导的方法，只是想采用简单粗暴的“压制”来扼杀早恋的萌芽，其实是不可能的，而且极有可能造成像上文那样的悲剧。正如一位女生所说:“如果一味去禁止、去压制，其结果只能适得其反。应该在说服教育的同时，明白这种空虚无聊是怎么产生的。我想说，不管家长还是老师，不要对早恋问题一味地批评、指责，我们需要真正的理解和教导，我们也有苦恼。”

在如何处理早恋这个问题上，著名作家汪曾祺为我们树立了一个开明的榜样。当上初中的儿子把自己的恋情透露给父亲时，汪曾祺没有大发雷霆，而是给儿子提供温和的忠告，甚至给儿子写情书做参谋。正因为如此，汪氏父子的感情十分融洽，甚至达到了“多年父子成兄弟”的程度。

第③辑 学习的问题 NO.3

学习是充满思想的劳动。

——乌申斯基

精神压力大

父母提示

看到这个标题，你或许会感到我在开玩笑，现在的孩子就知道玩，只要你能让他玩，恨不得连睡觉的时间都不要了。一提学习就哭丧着个脸，就跟要他的命一样，这样的孩子还会有精神压力，那不是奇怪了？其实这是一种错觉，现在的孩子不但有精神压力，而且很大！

我们来看这样一篇曾让我们震惊的报道：

一名17岁中学生因不堪忍受学习重负，竟然杀死了自己的生母！

今年17岁的徐力是浙江省金华市第四中学高二学生。他出生在一个普通的工人家庭。母亲吴凤仙是金华市食品公司职工。由于徐父长期在外地火车站工作，徐力从小到大基本上是在母亲的悉心照料下成长的。母亲吴凤仙工资不高，就帮别人加工毛线衣赚点钱供儿子读书，让孩子过着“吃穿全包，一心读书”的生活。初中升高中时，徐力考进了学校的重点班，但高一上半学期排名全班倒数第二名。通过努力，高一下半学期，徐力一跃到了第10名。吴凤仙喜出望外，要儿子以后每次期中、期末考试都排在班级前10名。然而，悲剧也就从这时候埋下种子。

去年11月底，吴凤仙参加家长会议时得知，徐力这学期期中考试的成绩排在班级第18名回家后，吴凤仙很生气，狠狠地打了儿子一顿。徐力喜欢踢足球，吴凤仙就说：“以后你再去踢足球，我就把你的腿打断。”

重压之下的徐力感到母亲对自己管得太严，而且母亲提出的目标无法实现，深感委屈和压抑。今年1月17日中午，徐力从学校回家吃完中饭后，想看会儿电视。吴凤仙提醒儿子期末考试要考前10名。徐力回答说：“很难考的，不可能考得到。”母子之间再次为学习发生顶撞。绝望中，徐力从门口拿起一把木柄榔头朝正在绣花的母亲后脑砸去，将母亲活活砸死。

徐力杀母案震惊了社会。在徐力就读的金华四中，同学和老师们反映，徐力平时在学校十分刻苦和节俭，是一个“品学兼优的学生”，性格文静，初中时期一直是三好学生，初二就入了团；进入高中之后，也一直勤奋好学，集体活动很热心，也乐于助人。他们不解地问：为什么这样的好学生会干出如此暴行？

有关专家认为，家长望子成龙心切，子女心理承受力脆弱和孩子精神压力过大，是导致这出悲剧的主要原因。金华市教委的人士认为，**现在的青少年基本上是独生子女，从小就承受了很大的压力，家长对子女往往期望过高**。子女考试不理想，就有一种愧对父母的感觉，长此以往必然导致心理扭曲。

看来孩子的精神压力主要来自于学习成绩，在我们最近进行的一次调查中，我们用9个题目来测试儿童的学习压力，包括：我感到学习压力很大、我讨厌考试、我不喜欢考试后排名次、我对我的学习没有信心、我对学习没感到快乐、我总觉得学习太难、作业太多总也做不完、我总没时间玩、我没时间做我感兴趣的事情等。

儿童在学习压力量表上最低分可得9分，最高分可得36分。当然，分数越高，说明独生子女的学习压力越大。统计表明：低分组独生子女占独生子女总数的29%；中等分组占48.6%；高分组占22.3%。它说明，29%的独生子女学习压力较小或者说没有什么学习压力，22.3%的独生子女感到学习压力很大。其余的独生子女介于有压力和无压力之间。

在学校里，学习成绩是非常重要的。统计说明，独生子女学习成绩越低，则学习压力越大，而且学习压力对儿童的人格发展有不利影响。它表现在两个方面：对积极的人格特征成就需要和持久性需要，它有反面的影响，即学习压力越大，成就需要和持久性需要越低。另一方面，它对消极的人格特征谦卑需要和攻击性需要有正向影响，即学习压力越大，谦卑需要和攻击性需要越强烈。

据最新的医学研究表明，**孩子的精神压力过大，还有可能引起身体的不良反应。**

天津天和、儿童、红桥、和平等4家医院的医生，最近连续对8名因在课堂中或挤眉弄眼、或打嗝干咳、或四肢抖动、或目光散乱、或自言自语而送来诊治的小学生诊治后发现，这些学生并非“不遵守课堂纪律”，而是由于学习紧张、心理压力过重而导致的一种神经性紊乱综合症引起的。

一名五年级男生，从半年前开始一走进教室就觉得嗓子奇痒、吞咽困难，上课时经常干咳不止，影响了课堂纪律。学生家长开始误以为他存心捣蛋，几经教育仍无“悔改”后引起重视。家长带孩子到医院进行多项检查和化验，均未发现器质性病变。后在天和医院被确诊为神经性咽堵综合症，这主要是学习紧张、心理压力过大引起的。经过医生10天的针灸并辅助心理治疗，该生终于停止了干咳。据了解，心理压力大者受伤后还不易痊愈，对疾病的抵抗能力也大为降低。美国俄亥俄州医科大学的研究人员发现，心理压力小的人，体内一种称为INTERLER-LEUKINL贝塔的类激素物质分泌量明显少于心理压力大的人，而这种物质与人体的免疫力和伤口愈合能力有关。

心理压力过重还容易产生心理障碍引发抑郁症。据有关研究资料表明，我国目前有相当数量的青少年存在心理障碍，初中生13.76%，高中生18.79%。据调查某中学1015名学生中20.23%的同学被抑郁、焦虑、紧张、自卑、怯弱、畏惧等情绪所苦。一个心境烦闷、情绪低落的人不可能有勃勃的兴致及充沛的精力去从事复杂细致的脑力劳动，出现注意、记忆困难及思考力迟缓是十分自然的现象，就像一个腿受伤的运动员参赛成绩下降。他需要慰勉与治疗，不是“横眉冷对”。腿伤，人人知疼，而心中的伤有谁能理解呢?对自己要求很严又面临学习困难、却不能为亲人、甚至自己的同学们（尤其是优秀生)所理解，内心痛苦可以想象，他们和你一样，苦苦挣扎一无所获。因为未能解除原因——心理障碍，抑郁症。

当学习成绩下降又并非本人不努力时，父母、老师的批评等于雪上加霜。心理压力越大，学习效率越低，形成恶性循环。对于尚未具备心理承受力的青少年，容易悲观或轻生。大、中学生中的抑郁症并非少见，学习困难可能只是一种首发或伴发的症状。曾有一位初三女同学因患此症而未能毕业，休学五年，流了五年泪，治疗后又恢复了学习能力，她叹道:“我五年前能来看病的话，现在已经大学三年级了。”医生呼吁家长和教师们对这一现象给予高度重视，孩子的精神压力的来源是学习成绩，那么精神压力是如何形成的呢?除了学校里同学之间的竞争以外，恐怕主要来自于我们家长。

如今的年轻父母对子女不再有长辈那种“棍棒之下出孝子”的陈旧观念，靠体罚孩子而达到家教目的的做法，已被大多数父母放弃。但是，一些年轻父母因望子成龙心切，或有意、或无意，采取讽刺、挖苦、揭短等手段，使孩子在精神上造成了程度不同的伤害，我们姑且称之为“精神虐待”。

那么精神虐待有哪些具体表现呢?

——对孩子实施精神控制。一些家长为使孩子学到更多的知识、在学校考到高分，在家中除了学校布置的大量的家庭作业外，不是请家庭教师，就是找来各种各样的复习题让孩子做。孩子的精神世界，被家长用习题填得满满的，没有一点时间用来想自己的事，孩子对此是苦不堪言。“生活中最高兴的事情是玩，最烦恼的事情是学习压力”。在不久前结束的全国城市独生子女人格发展调查中，多数接受调查的孩子对问卷上仅有的两道自由回答题作出以上回答。

——警告、恐吓。家长对孩子讲得最多的话不外乎是：“这次考不好，就不给你买玩具”；“你不好好学习，就休想到公园去玩”。在这样的精神压力下，有的孩子的学习动力变成了只是为了达到某些具体的目的。有的孩子提到学习就感到焦虑不安。“考试不及格”、“考砸了”等词汇像黑压压的乌鸦整天盘旋在孩子的脑海。

——缺乏鼓励，故意贬低孩子的能力。一些家长为刺激孩子加油学习，故意用孩子的不足与别的孩子长处相比，甚至在大众场合，不顾孩子的自尊心，对孩子的缺点冷嘲热讽，认为这样孩子就会因害羞而把学习抓上去。

——不让孩子与别的小伙伴结伴。在孩子的精神世界里，最重要的交流对象是几个年龄相仿的小伙伴。儿童只有在同伴交往中，才能学会抑制内心的侵犯活动，控制适当的行为，以及学会在必要时如何适当地坚持自己的权利和愿望，可一些家长却无视这一点，认为孩子与别的小伙伴在一起玩耍，浪费时间不说，还会玩散了心，影响学习。在节假日，将孩子关在家里不许外出，使孩子没有机会与伙伴进行精神上的交流。

那么，家长为什么在精神上虐待孩子呢？

一是高期望值，使父母对孩子要求越来越严。望子成龙，望女成凤，高期待已成为困扰我国年轻父母的主要心理情绪。上海市的一项最新调查结果表明：几乎是100%的家长认为最高兴的事是孩子学习成绩好；最恼火的事是孩子学习成绩差。80%以上的家长希望孩子成为脑力劳动者。家长对孩子期望值如此之高，是造成对孩子精神虐待的心理动因。当他们看到孩子的学习成绩并没有他们要求的那样高时，当他们看到孩子没有按照他们设计的模式发展时，他们着急了，于是不择手段对孩子实施精神钳制。

二是心理知识贫乏，家长并不了解孩子。一些家长视孩子为没有感情、没有个人意识、没有独立思维的“小孩儿”，随心所欲地支配孩子的言行，孩子必须按照父母设定的程序去言、去行，稍越雷池半步，就会大声对孩子说“不”。孩子的一点点空余时间都被家长剥夺，他们与父母交谈，也是高高地抬着头“汇报思想”式的；他们要接受父母对考分的一次次质问，对坏成绩的一次次“声讨”。

精神上受虐待的孩子，在成长过程中所遭受的心理伤害，可能比肉体上受虐待的儿童更大。这一切在他们未来的生活中将是永远也抹不去的阴影。反映在学生行为上表现为厌学、出走、自杀、早恋、打架、骂人等。孩子的心理问题，无不可以上溯到家长对孩子造成的精神压力上。孩子的精神负担重，自行活动时间少，不与小伙伴交往，缺乏天真活泼的环境，就会导致不爱说话、不合群、孤僻、冷漠、缺乏适应能力、腼腆怯生。孩子的精神受钳制，没有自己的思想空间，没时间自由地想像，自由地创造，就会使孩子创造的花蕾过早地凋谢。同时，孩子得不到父母的及时鼓励，经常受到讽刺、挖苦，自尊心受到伤害，就会用其他变异的手段满足自己的自尊心的需要，既有害社会，也有害于个人。试想，缺乏自尊、自信，缺乏创造性，不合群、性格孤僻、胆小的孩子能健康成才吗?

管教孩子是天下父母的重任，是一门学问，它还应该是现代父母的必修课，最关键的是必须先具备一个稳定的心理状态。

——学习如何稳定自己的情绪，尤其是面对犯错误的孩子，千万不要怒不择言。

——学习使用正面鼓励的语言与孩子沟通，把孩子当作与自己一样有思想、有情感的人，尊重孩子的人格，以平等的、朋友式的言语与他们交流，切莫高高在上，随意训斥。

——学习如何在日常生活中，多运用身体语言以促进亲子关系；用以身作则去强调和坚持某些基本的人生准则，比用语言向孩子灌输效果要好得多。切莫禁止孩子不做的，自己在我行我素地做，要求孩子做的，自己却不做。

——学习如何在孩子学习上出现偏差时，为孩子指出一条正确的解决问题的办法，切莫一味指责。

——学习接纳孩子，尽管犯了错误，仍严守“只对事不对人”的原则，让孩子知道家门永远为他而开，切莫说:“你真笨”、“朽木不可雕”、“你这样下去是没有出路的”。

厌学的孩子

父母提示

经常有父母无可奈何地抱怨说："我的孩子越来越不爱学习了。一听说学习就愁眉苦脸。哪像小时候呀！那时自己主动拿着笔写字，求我们给他讲故事……，现在反不如以前了。"——可以说，许多家长都有这样的体会、感触，而孩子厌学、逃学的现象也越来越严重。

据报载，2001年1月8日，宿迁城区某学校初中一年级4名女学生，因学习成绩差，经常被老师和家长数落，渐生厌学情绪。眼看又要放寒假，4人约定到深圳打工，并向家长以要学费为名，筹集路费。其中2人从家长手里拿到了283.50元的"学费"，一人从母亲的存折上私自提取了620元现金。为避开家长视线，她们临时住进了旅社，并购买了旅行箱、衣服等日用品，幸被一位母亲发现，连忙报警。这4名女生才被宿城派出所干警劝回。

孩子厌学、逃学的原因很多，但是父母对待孩子的态度是不是也被包含在这些原因里呢?

对孩子过多的指责和冷嘲热讽。比如，孩子经常听到家长这样训斥:"你光知道玩，一点也不用功！""你天天到学校里去干什么去了?怎么一考试就考这么一点分?""玩起来你倒挺有劲的，怎么一提学习你就打蔫了?"

毫无疑问，这样的责备总是让孩子把学习和不愉快的情绪联系起来。慢慢的，孩子自然就会讨厌学习了。

家长过分重视孩子成绩差的学科，让孩子丧失了学习的兴趣和信心。有一个孩子的语文、自然等科目的成绩一直不错，但数学成绩却总不理想。因此他的总成绩在班里排到靠后的位置。妈妈很着急，常对儿子说："你的数学不行，得在家里补补，要不然以后就跟不上了。"孩子也总说自己的数学"就是不行"但他根本不想花工夫去补数学，他觉得数学很难学，很讨厌。

过于关注学习的外在目的，使孩子得不到学习的乐趣。许多家长总是经常鼓励孩子："努力呀，你要在班里考到前十名才行。""有好成绩，你才能考上重点初中，然后上重点高中，直到上重点大学。这样你的前途就不用发愁了"。"先苦后甜。虽然现在苦一点，但是将来有一个好前途，是值得的。"对于一个上小学的孩子来说，要让他坚持十年寒窗苦读来换取将来的光明前途，是太抽象、太遥远了。将来到底是怎样的?为什么要用现在的"苦"来换取那个虚无缥缈的"将来"呢?

将孩子的成绩和班里的其他孩子的成绩相比较。这是大多数家长所热衷于做的事情——每当孩子考试过后，他们不关心孩子是否比以前有进步，什么地方还没弄明白，而是说："你怎么又是26名?你怎么就是不上进呢?"孩子厌倦了。觉得无论他如何努力，总有比他学习好的同学，父母总还是不满意。学习就是为了考一个好成绩，排一个好名次。强中自有强中手，哪个孩子能保证永远拔尖呢?

以上列举的这些例子，都可能是致使孩子厌学的家庭原因，因为这些家长的态度都是有缺陷的：

大多数孩子喜欢被表扬、被赞同，过多的指责只能起到抑制作用。同时，父母习惯于对孩子进行指责，往往会看不到孩子身上的闪光点，这样，孩子不仅会觉得父母对自己不公，而且可能和父母对立，朝父母希望的反面发展。父母过分关注孩子学得不好的学科，实际上是对孩子长处的一种忽略。父母认为学得好的是应该的，学得差的应该赶上去。

这种做法，容易让孩子对自己的能力丧失信心，并且因此会危及到其他学科的学习，造成恶性循环。

孩子学习固然有各种外在的目的和长远目标，但是对孩子来说，学习的乐趣在于学习活动本身。如果孩子的兴趣是由学习活动本身引起的，他就会持之以恒。孔子说:“知之者不如好之者，好之者不如乐之者。”这实际上是道出了学习的三种境界。追求学习的外在目的，很可能将学习的境界局限在“知之”这一层次，孩子只是处于被动的、简单的应答阶段，毫无创造性可言，学习的快乐更是无从谈起！

在一个群体中，名列前茅的学生只能是少数。要求孩子名列前茅，对于大多数孩子来说，是可望而不可及的事情。孩子渴望得到表扬与承认，如果他不能在学习上显示自己的优势，他只能放弃自己的学习而转向其他的方面，比如体育、文艺，甚至在小团体里当“小头目”、“小霸王”等等。

鉴于以上的分析，厌学孩子的家长该怎么办呢?

表扬是使孩子对学习产生兴趣的方法之一。要在表扬的基础上，指出不足之处，与孩子共同学习，帮助孩子理解学习内容。

扬长避短才能增强孩子的信心。暂时忽略孩子的弱项，通过肯定孩子的强项，使孩子增强信心。孩子在某一方面的成绩得到肯定以后，总希望在别的方面也取得进步。这样就会促使他主动弥补自己的短处。

学习是孩子现在的生活。培养孩子对学习活动本身的兴趣，不以功利的“长远”的目标来激励孩子学习。关注孩子自身的每一点进步，全面发展以及孩子发展的纵向比较。重视孩子的“达标”要求，而不要盲目地攀比。

刻苦努力，却不会学习

父母提示

或许孩子埋头学习，你就会觉得高兴；一旦成绩不理想，就归因于孩子的贪玩、不用功，但是，你知道吗？并不是每一个“刻苦学习”的孩子都是“会学习”的！你的孩子知道怎样学习吗?你知道自己的孩子有没有掌握好的学习方法吗?如果不知道或者是不确定，那么不要着急，测一测就知道了！

你可从以下10个方面对孩子进行观察：

(1) 学习时除了书本还是书本吗？

(2) 对书本的观点内容从来不加怀疑和批评吗？

(3) 除了小说、杂志等一些有趣的书，从来不看其他理论书籍吗？

(4) 听课、读书从不做笔记吗？

(5) 除了学会运用公式定理，还知道它们如何推理吗？

(6) 认为课堂上的基础知识没啥好学，只有看高深大部头的书才过瘾吗？

(7) 能够经常用各种工具书吗？

(8) 上课和自学都能聚精会神吗？

(9) 能够见缝插针，利用点滴时间学习吗？

(10) 常和同学争论学习上的问题吗？

对以上观察结果可进行标准量化并加以判断，方法是：若对(1)、

(2)、(3)、(4)、(6)的回答是“不是这样”和对(5)、(7)、(8)、(9)、(10)的回答是“确实这样”，表明孩子方法正确，反之不正确。正确的得10分，难以判定的得5分，不正确的不得分。若总分在85分以上为很正确，60~80分为较正确，45~60分为一般，40分以下为不正确。

据一份调查表明：54.9%的家长认为，孩子有没有掌握好的学习方法是最主要的问题。这个题目也与“孩子学习成绩不理想”密切相关，即说明：除了“不刻苦”以外，家长将孩子学习成绩不理想还主要归因于“没有掌握好的学习方法”。两道题目的选择平均率近50%，足见家长对此问题的重视程度。

上海一位焦急的母亲向教育心理学专家道出了心里的苦衷：自从孩子到了小学高年级以后，我们给他“装备”了最好的学习条件，从钢琴到电脑，还有大学生家教，孩子也蛮用功的，常常到深夜还要看书，但成绩却没什么进步，不知道问题出在哪里……

专家具体了解了孩子的学习情况后，较肯定地回答了这位母亲：问题就在学习方法上。许多情况下，方法比钢琴、电脑和家教还要重要。在求学阶段，学生的学习成绩好坏，与能否掌握科学学习方法密切相关。因此，中学生应当特别重视学习方法，创造性地总结和运用适合自己特点的学习方法。

法国17世纪杰出的数学家、哲学家和科学方法论者笛卡儿说:“最有价值的知识是关于方法的知识。”

现代社会知识剧增，更新加速，时代对我们提出了越来越严格、越来越多样化的学习要求。只凭“铁杵磨绣针，功到自然成”的方式进行学习，肯定无法适应。在今天和明天的学习中，学习的成败绝不仅仅取决于勤奋、刻苦、耐力，也不单纯跟花费的时间、精力成正比，更主要的是要有学习效率。效率从何而来?爱因斯坦的公式“W=X+Y+Z”给了我们有益的启示。这里，W代表成功，X代表勤奋，Z代表不浪费时间，少说废话，Y代表方法。方法对勤奋和惜时的效果起着增加或抵消的作用，只有正确的方法才能保证学习成功。

提高学习的效率，才能有时间玩，掌握科学的学习方法，是学生形成学习能力的重要环节。英国有位社会学家，曾经调查了几十位诺贝尔奖金获得者，发现这些获奖者大多认为，学生学习期间，最重要的是掌握学习方法。蒋南翔先生曾作过一个生动的比喻。他说：一个猎人到森林里去打猎，要准备猎枪和干粮。如果一个学生在学校里，只知道积蓄知识，而不懂得与此同时，掌握获得知识的方法，那么，他毕业后走上工作岗位就像猎人走进森林，只带干粮没带猎枪一样。没有猎枪，干粮带得再多，也会很快地消耗殆尽。如果有一枝猎枪，并能运用自如，那么还愁没有吃的吗？这番话比喻生动，意味深长。说明了掌握学习方法对学生来说何等重要。

好的学习方法还有助于发挥学生的潜在能力。法国著名生理学家贝尔纳曾深有体会地说:“良好的方法能使我们更好地发挥天赋的才能，而拙劣的方法则可能阻碍才能的发挥。”它使学生在知识的密林中成为手持猎枪的猎人，获得有效的进攻能力和选择猎物的余地。1980年，美国哈佛大学物理系教授、诺贝尔奖金获得者史蒂文•温伯格曾对《科技导报》记者说，很重要的素质是向知识的“进攻性”，不需安于接受书本上给你的答案，要去发现有什么与书本不同的东西。这种素质可能比智力更重要，往往是区别最好的和次好的学生的标准。

什么是最好的学习方法?这要根据不同的学生，不同的任课老师等具体情况来选取。一般说来，好的学习方法，应该符合以下三个条件：符合认识规律的科学方法；符合自己个性特点的方法；符合不同学习内容和不同教师授课特点的方法。

学习是一种受众多因素影响的复杂的认识活动，孩子在学习过程中要形成适合自己特点的最佳学习方法并不是一件容易的事情，它不仅依赖于孩子自身的探索、教师的辅导，也需要家长的参与。因为家长比任何人都了解孩子的兴趣与个性，更有可能参与到孩子的学习过程中来，通过培养孩子良好的学习习惯来提高孩子的学习成绩，应成为家庭教育的重要一环。

通常，父母可通过协助孩子制定有效的学习计划来帮助孩子掌握学习方法。孩子由于年龄不大，自控能力和计划协调能力较差，因此，父母与孩子一起协商每一阶段的学习安排非常必要。每天复习些什么内容，在什么时候起床和就寝，甚至休闲时间作何安排都是学习计划可以考虑的内容。除此之外，家长可以对学习计划完成的情况进行检查，许多专家建议星期天晚上是父母和孩子沟通的好时间，既可以和孩子在这一时间回顾一周的学习情况，检查学习计划的完成情况，又可以在轻松和谐的气氛里配合孩子制定新一周的学习计划。家长虽然不是教育专家，但通过参与孩子学习计划的制定过程，也可对孩子学习情况获得比较全面的了解。

家长对孩子作息时间的管理，有助于孩子形成良好的学习习惯。有的父母在孩子深夜伏案用功的时候，常常感到十分欣慰，却忽视了长期晚睡晚起，会使孩子的学习效率下降。大脑生理学研究证实，高效的学习时间，小学生大约持续40分钟，初中生为45分钟，高中生为50分钟，长期“疲劳战”必然事倍功半，甚至损害大脑。家长除了帮助孩子控制适宜的学习时间，保证孩子八小时以上的睡眠之外，还可以帮助孩子学会在复习过程中采用交叉、间隔复习的方法，例如可以交替复习理解记忆科目(如语文)和计算推理科目(如数学)，合理使用左右脑，以提高学习效率。

要求孩子按时完成作业，是家长培养孩子学习习惯和方法时不可忽略的一项任务。有的家长认为孩子的作业由学校来管，与家长没多少关系，为孩子买电脑却不懂得监督孩子正确使用电脑，以至电脑变成孩子看黄色电子出版物的工具而家长还一无所知。所以，家长在对孩子进行物质投资的同时也应配合相应的“时间投资”。孩子的作业一般分为复习类和预习类，我们更赞成家长培养孩子“先复习，后下笔，最后预习”的习惯，预习作业常被家长忽视，其实指导孩子花一定时间预习，有助于孩子在第二天的课堂上学得更好、更快。

培养一位成绩优异的孩子，需要父母持之以恒的爱心和毅力。当我们接近孩子，认真了解他们学习情况的时候，你会发现真有那么多的学习方法，需要家长参与，对孩子辅导。孩子开学的时候，需要家长协助制定有效的学习计划；孩子放假的时候，需要家长指导安排休闲时间；孩子考试的时候，需要家长配合消除考试焦虑等。“未来的文盲，不再是不识字的人，而是没有学会怎样学习的人”。在孩子即将步入新世纪的时候，细心的家长，请帮助孩子寻找学习方法这把成功的金钥匙吧。

不问问题

父母提示

对于大部分家长来说，孩子不问问题已经是司空见惯、见怪不怪的事了，据调查，中国的8~15岁孩子，有74.63%的孩子觉得："不知道该问什么。"或者是"该会的我都会了。"对于这个现象，家长们虽然心里觉得孩子不问问题是不太好，但又觉得只要把老师讲的记住了，考试时能考个高分，不问问题也罢，自己孩子天生就是内向嘛！

事实真的是这样的吗？

问题一：孩子不问问题，只要把老师讲的记住了，考试时能考个高分吗？

只要你留意一下，你就不难发现，学习好的学生，都是问问题多的学生！为什么呢？原因很简单："主动接受"比"被动接受"的效果要好得多，因为前者顺着问题又更进了一步，了解得多了，对问题本身的理解就会深入得多，虽然都是"接受"，但前者因为问了问题，获得了更多、更深入的知识，所以，无论是记忆的牢固程度，还是对问题的深刻程度上，后者总是不如前者，所以，从考试的分数上来看，不问问题的孩子的分数即使有时比较高，那也是偶然的、经不起时间考验的，从整体来看，还是问问题的孩子的分数高，不问问题的孩子即使把老师讲的记住了，那也是暂时的，而且有可能是片面的。

比如，提起我们中华民族五千年的灿烂文明，我们往往就想到了让我们每一个炎黄子孙脸上放光的“四大发明”，一般人都是尽义务一般，将其“刻”进脑子里，不会再对此进行追问。但在一位历史老师讲到这里时，一个孩子问道：“老师，你说火药是我们中国人的祖先发明的，那我们打仗的武器应该是最先进的，可是，电视演八国联军侵略中国的时候，为什么八国联军用的是先进的洋枪洋炮，而中国的义和团用的是大刀长矛？”这个问题很好，说明这个孩子很注意观察，而且善于思考问题、提出问题，所以，当老师把中国的火药技术如何外流，清政府如何闭关锁国、夜郎自大等一一讲清楚后，这个孩子就不仅仅记住什么是我国的“四大发明”，而且增加了更多的历史知识，而这是那些不问问题的孩子所无法获得的。

说到这里，有些家长觉得这是小题大做、夸大其词：“记住什么是‘四大发明’不就行了吗？问那么多，知道那么多，有什么用？”

问题是，真的能牢牢记住吗？

或许你曾经看过或听过这样一则真实的笑话：某电视台请了很多“名人”和观众一起联欢，其中有一个节目是知识抽答题，在一位当时很红的女歌星抽出一张写着问题的卡片后，主持人大声的宣读了题目：“请你说出我国的‘四大发明’是什么？”下面的歌迷们欢呼雀跃，因为这个问题太简单了，自己的偶像一定稳拿这10分。可是，这位歌星却怎么也想不起来，只记得原来历史老师要求记住，自己当时也记住了，可是现在怎么也想不起来了，自己的歌迷都喊很简单，那一定是很简单，是什么呢？对了！我们中国的美食业很发达，川菜、越菜、鲁菜等“八大菜系”，令只知道汉堡包、三明治的老外佩服得五体投地，而美食的诞生，最重要的是调料的放置，一般常用的调料是——油、盐、酱、醋！对，正好四样！

那位歌星胸有成竹地说出了自己努力思索的结果：“我国的‘四大发明’是——‘油、盐、酱、醋’！”为了增加轰动效果、让自己的崇拜者更加崇拜自己，她还故意拖了一下腔，但等着她的不是掌声，而是唏嘘声、责怪声；不是歌迷更加崇拜自己，而是当场就有大部分人退场。从此，她的演唱生涯就基本结束，没钱的时候，只能到迪厅、夜总会里去寻找原来的风采，但那是永远找不到的！

问题二：孩子不问问题，行吗？

如果说孩子不问问题不行，如果孩子不问问题就是一个废物，就没法生存，就会对不起列祖列宗，你就会觉得我在胡说八道，而实际上，这是不争的事实！

假设一下，如果我们都不问问题，那么社会如何往前发展呢？哪一项伟大的发明或发现，不是因为我们先辈的不断地研究“为什么”?如果没有蔡伦问“为什么不能用廉价、轻便的东西代替丝绸或竹简来写字呢?”这个问题，我们今天能凭借这雪白的纸，一起来探讨如何教育孩子的问题吗?如果人类的智慧只是局限在当时的用丝绸或竹简来写字，知识不能够得到最大限度的传播与交流，那么会有我们科技的无限发展吗？

或许你又要说，他们都是科学家，当然要问为什么了！我孩子又不是！——这种说法是经不起推敲的：难道他们天生就是科学家吗?当然不是！通过各种传记我们不难发现，在这些大科学家、大学问家的身上，无不有着相同的一点，那就是：遇到自己不明白的，都要问个为什么，直到把问题搞明白，有时当然是搞不明白的，但就是这探询的过程，往往就是伟大发现或伟大发明的过程，伟人和凡人的区别其实很简单，那就看你是否问问题！

所以孩子不问问题，基本上就可以断定：你的孩子与“伟人”无缘，不会在古人的大厦上加砖添瓦！

有可能你对别人的“天才教育”“神童教育”无动于衷，因为你对孩子的要求并不高，只是想让他做一个平凡的人，所以就无须去问为什么了，其实，你的这个想法是没有理解我的意思：我们不可能人人成为“伟人”，这简直是一定的！但我们同样应该拥有问问题的品质，因为如果你没有这一个品质的话，你连一个凡人都有可能做不好！

这绝不是危言耸听！**人和机器的根本区别，就在于人有主动性、创造性，所以人能够控制机器，而不是让机器来控制人！但是，如果你的孩子现在不会问问题，那么长大以后，肯定谈不上什么“主动性、创造性”，而如果连人和机器的这一点本质的区别都丧失的话，那么你的孩子还是凡“人”吗？**如果与机器没什么差别的话，老板还会用你的孩子吗?(没有主动性、创造性的人也没听说过能当上老板的，只有给别人干活的份！)要知道，在这种情况下，你的孩子就有可能不如机器！——机器一般不会出错，人呢?一不小心就会出错，如果你是老板，你会怎么选择呢？

问题三：孩子不问问题，该怎么办呢？

对于孩子“不问问题”这个问题，有的家长把其原因归结为“孩子性格内向”，其实这是片面的看法，人的性格固然有“内向”和“外向”之分，但无论是“内向”还是“外向”，他都有问个“为什么”的“自然动力”，因为这是孩子的天性，所以孩子的起点是一样的，任何借口都是强词夺理的！那么，为什么会出现“不问问题”的孩子和“问问题”的孩子呢?问题出在孩子的婴幼儿时期！

在1999年进行的一项调查表明：在设定的孩子“拆装闹钟”的具体情境中，高达41%的家长会对孩子训斥、警告；对孩子的提问，53%的家长会不耐烦、不屑于回答或敷衍。那么你呢？你是否对于孩子那莫名其妙、无法回答、没有答案的问题，表现出上面的情况呢？如果有，在一次又一次的“不耐烦、不屑于回答或敷衍”中，你的孩子还会再去问问题吗？这是很显然的问题，所以，提高认识，防微杜渐，不要在孩子已经成型之后再去买“后悔药”，而是应该善待孩子的好奇心、提出的问题，尽自己的可能去回答孩子的提问，根据孩子不同的年龄和认识事物的不同程度，来告诉他不同的答案，千万不要认为自己回答不上来孩子的问题，就是对家长权威的挑战，遇到这样的情况，你所要做的，是放下家长的架子，和孩子一起去研究问题。比如：你的孩子问了一个和当年牛顿问的同样的问题:“为什么苹果从树上掉下来，落到地面，而不是飞到天上去?”你会怎么回答呢?是说:“你哪儿那么多事，哪儿凉快哪儿呆着去！”还是说:“这个问题牛顿早就研究出来了，原因是地球的引力作用，这个规律叫‘牛顿万有引力定律’。”如果你是这么回答，那你的孩子肯定不是好奇心受到打击，就是满脑子的不知所云。

这时，你就应该想一想，怎么解释，孩子才会明白呢？这当然应该从实际出发，而不是套用别人的模式。比如，如果你的孩子比较小，还不知道什么是“吸引力”的时候，你可以找一块磁铁，让孩子看一看，把一个小铁钉靠近磁铁，小铁钉往哪儿跑呢？地球就好比是磁铁，而苹果就好比是小铁钉，小铁钉跑到磁铁上去，苹果当然要跑到地球上来了。至于这是什么原理，等到孩子明白什么是磁铁的“引力”时，再跟他解释。

另外，千万不要认为自己“忙”或“烦”，就将孩子的前途和命运视同儿戏，错过培养孩子的大好机会，要知道，你的孩子有可能就是牛顿、爱迪生、蔡伦！

说到这里，多数家长或许会说:“我已经错过培养孩子的大好机会，到那里去买‘后悔药’呢?”“后悔药”当然是没有的，但也并不是说无药可救了，只要努力，局面还是可以挽回的。

孩子之所以不问问题，一是因为好奇心没有得到满足，二是因为好奇心没有得到满足而产生的思维惰性。所以，如果要补救，先要让孩子对“问问题”的重要性有足够的认识，然后，鼓励孩子大胆地去问，去想，去探究。在孩子试着这样做之后，要及时地鼓励，当然，也要切合实际，切莫走向极端。

学习的“三分钟热度”

父母提示

在日常生活中，家长常常遇到这样的情况：费尽心机给孩子购置了钢琴，但孩子弹了几天就厌烦了；嚷着买笔纸学画画，学了一阵子画后，又想去练歌舞……这些情况，俗称“三分钟热度”。

那么，孩子有这样的情况，父母该怎么办？

对此，我们首先应该有一个正确的认识——其实孩子的这种情况是符合儿童的心理特点的。

兴趣，是儿童心理发展的结果。在学前期和小学阶段的儿童，随着年龄的增长，他们已对社会环境和自然环境有了一定的接触和认识，广阔的外界环境令他们好奇，因而对新鲜事物产生了比较明显、集中、相对稳定的心理倾向，这就是兴趣。儿童的兴趣是他认识世界、了解事物、学习知识、发展能力的重要的条件和手段，它对于儿童的全面发展和特殊才能的发展，有着重要的影响和作用。但是，这一时期儿童的兴趣还不很稳定，容易变化，这是由于儿童心理发展尚未成熟，在这一时期还有很大的随意性和不稳定性，所以儿童什么都想试一试，什么都想学一学，转移目标快，于是就出现了“三分钟热度”的情况。这是符合这一时期儿童的心理特点的，父母不要感到莫名其妙，更不能恼火。

其次，父母应注意发现孩子的兴趣，帮助孩子选择兴趣的发展方

向。儿童的兴趣不是天生的，而是由后天因素促成的，其中最主要的因素便是教育和环境。对周围事物的广泛兴趣，对各种自然社会现象的美妙向往，是现代独生子女的共同特点。以往一些要到10多岁才能有所闻有所见的新鲜事物，在现代的幼儿园即可认识，时代的发展大大缩短了年幼一代与新事物接触的时间与空间距离，对其智能开发和广泛的兴趣培养，是大有裨益的。

但是，由于他们对新事物新知识有广泛接触的机会，充满了博爱的情感，又往往难于专一潜心于某一事物、某一领域，找到最适合于自己个性发展和智力要求的培养目标，将有限的精力用于广泛的爱好之中，故难有专一的收获。特别是一些大中城市的父母，为自己读学前班的孩子请有多个家庭教师，今习字，明练画，再又学琴背英语，反而从客观上钳制了孩子心智的健康发展，框限了其性格爱好的自由选择，难于在过宽的知识海洋中得到喘息的机会，在过泛的兴趣爱好中找到自己所独钟的学习内容，因而不能真正发挥自己的优势，利用自身的智力条件。

所以，父母在家庭教育中应对孩子的兴趣给予科学引导，创造适当的环境。比如想让孩子学画画，平时就多给孩子买一些彩笔、纸张、画册等等。当然，这个方向的选择要正确、谨慎，父母要避免盲目随社会的“热潮”，将自己的兴趣和愿望强加给孩子。而且，父母不但要正确选择孩子兴趣的方向，更要注意发现孩子的兴趣。当孩子已经形成了他特别喜欢但又不太合父母愿望的兴趣时，父母要善意、认真地去对待它，发掘它，而不要急于去改变。

另外，父母要及时纠正孩子不良思想和行为。如果父母发现孩子的兴趣是某一方面，并且给予了物质上的充足准备，比如孩子的确对钢琴有兴趣、有基础和一定天赋，他的“三分钟热度”是因为做事没恒心，这时父母就必须帮助孩子克服意志上的弱点。这里给父母们提供一些方法作参考：

提供专心致志的环境。如果父母能帮助孩子提供一个合适的环境，使孩子少分心，对不专心的孩子会有良好的影响。随着孩子更多的参加适当的活动，父母可以减少人为创造的环境氛围。比如，铺上地毯或者拉上窗帘可以减少各类噪音；用柜子或者是架子把不必要的摆设挡在视线之外等。此外，课桌上应该整洁、井井有条。孩子干完一件事或者做完一个游戏之后，应马上把用过的东西收走。这样孩子时间长了就能抵抗外界的干扰。

帮助孩子制定认真的"工作计划"。开始时提供他们喜欢的东西，然后逐渐介绍给他们一些本来不是很吸引人的东西。安排给孩子的家务和功课必须具体，因为孩子需要常常体会一下在具体的工作上取得成功。为了保证孩子的兴趣，定下的完成任务的时间不能太长，并且要掺入休息与玩耍的时间。随着孩子专心的时间越来越长，安排的计划时间也可以逐渐延长。久而久之，孩子就可以自己为自己限定时间，完成任务。他们会感到能独立地执行计划阶段的任务，主宰自己。

奖励刺激实际行动。与其他的问题相似，注意力不集中的毛病也可以通过鼓励的办法来纠正。奖励的程度应该随着孩子坚持埋头做事的时间延长而升高。父母要密切注意孩子何时能集中精神，并给予奖励（具体办法如协议书、记分牌等），比较起那些有时还能偶尔安会儿心的孩子，父母更应该注意那些从来没有专会儿心的孩子。对于这类孩子，表面奖励非常有助于改掉他们的毛病。即是孩子有片刻的专心，父母也要有所奖励，这样才能使孩子的兴趣有所提高。孩子可以在尝试中获奖。你也许会问:"他只能安稳5秒钟，叫我怎么奖励呀?"殊不知，5秒钟就是可喜的开端，坚持下去，两个星期他就能坚持10秒钟了。对于这种能力的加强，需要成年人不厌其烦的耐心与持久力。

方法是多样的，主要是父母要在日常生活中，结合孩子的问题来引导他去克服弱点，锻炼意志，不能光谈大道理，枯燥乏味的说教难令孩子听入脑中。更不能采用粗暴手段要孩子怎样怎样。

如果父母按照自己的意愿要孩子培养他本身不喜欢的兴趣，“三分钟热度”就成了孩子的逃避方式，再怎样的教育也难以令他取得满意的结果。这时父母应检查一下自己，是不是过高要求了孩子?孩子的真正兴趣是什么?找出原因后再引导发展孩子的兴趣。千万不能总放不下架子，父母说了算，对孩子的兴趣不理睬。

第④辑 健康的身体 NO.4

健康是人生第一财富。

——爱默生

好动是不是多动症

父母提示

你注意过吗？你的孩子是不是总也坐不住，动个不停，东张西望，心不在焉，注意力很难集中到某一个东西上；不管干什么，常常是有头无尾、半途而废；想喝水时不管杯子里的水是凉是烫，抓起就喝；即使到了陌生的地方，比如别人家里或公共场所，他也是这个摸摸，那个动动，好像整天生活在“动”之中；甚至于左右不分，把“6”看成“9”……

如果上面列举的现象大部分是在你的孩子身上发生的话，那么你是不是一直觉得这是孩子“天生”的一种正常现象?——孩子嘛，就是“精力充沛”，好动，没有问题，等到大一点儿就好了！那么你想一下，你的孩子现在比以前好了吗?如果还是老样子甚至更厉害了，你还要再“等到大一点儿”吗?——等待，在这个时候只能造成问题，而不能解决问题！所以不要再等下去了，还是先仔细地分析一下你的孩子是不是存在“病症”。

先让我们看两个例子：

肖明是小学二年级的学生，做作业时老是一边玩一边做，很少能一心一意地写完作业，学习成绩在班里是偏下。另外，肖明也比较任性，经常是想要什么就要什么，得不到满足就大哭大闹。据老师反映，肖明在课堂上也经常不遵守纪律，上课时爱做小动作，注意力不集中，往往是老师批评时好一点；课外活动中有些过分活跃，常常不遵守老师安排的游戏内容或规则，爱招惹同学，有时还搞恶作剧。但当老师讲故事时则比较安静，能专心听完。老师认为肖明脑子并不笨，当他专心学习时，有时比一般同学接受还要快，因为好动分心，成绩一直上不去。

小强7岁，从小就很好动，上幼儿园时经常把玩具和图书弄坏，爱抢小朋友的东西，看见别人拿什么，小强总是抢过来，可玩两下又丢掉，经常把小朋友惹哭。吃饭、午睡和活动时，小强总是不守纪律，不听安排，让老师很头疼。小强上学后依然如此，上课时从来坐不安稳，要么摇晃桌椅、骚扰同桌或前后排的同学，要么玩铅笔、橡皮或其他小东西……小强听课不认真，爱插嘴，有时老师的提问还没完，他就不经允许抢先回答。爸爸妈妈说小强在家也是这样。他一会儿爬上钻下，到处翻腾，一会儿看电视、玩玩具，几乎没有一分钟能老实安静地呆着。爸爸妈妈为督促他写作业每天都要费很大劲，并且因为他上课不专心听讲，常常记不清作业是什么。虽然小强爱玩、好动，可干什么都没长性，所有的新玩具不是拆坏了，就是玩两下扔一边了。爸爸妈妈说也不听，甚至打也不管用。

从表面上看，肖明和小强都是“坐不住”的好动者，而实际上两者在本质上是有着很大的区别的——前者是“一般性的多动行为”，而后者则是“多动症”，这两者的区别就是一般家长所容易忽略的问题的关键所在。

肖明具有多动症的一些表现，如上课时注意力不够集中，课外活动中不守秩序，有时搞恶作剧，在家比较任性等。但是他在以下几方面又与多动症有着明显的区别：首先，当他在课堂上受到老师批评后，一般能约束一下自己，行为有所收敛。而患有多动症的同学往往根本不听规劝，很难控制自己的行为。肖明虽然在听讲或做作业时精力不集中，但对于听故事等自己感兴趣的事，还能够坚持较长时间，说明他的注意能力并无障碍，只是由于好动而影响了注意的效果。而多动症儿童的注意能力是有缺陷的，无论任何事情都很难坚持到底。从老师的反映看，肖明如果专心听讲了，还是能取得较好的成绩，学习上并没有其他障碍。而多动症孩子除了有注意障碍外，往往还伴有其他学习障碍。所以，根据上面的分析，肖明并不属于多动症患儿，只是属于一般性的多动行为。

那么多动症到底是什么样的呢?多动症的标准是什么呢?

多动症是小学生中最为常见的一种行为障碍综合症。它指的是智力正常或基本正常的儿童，存在着与实际年龄不相符合的注意力集中比较困难、行为容易冲动、活动过度等特点，因而造成学习困难、学习成绩差、社会适应能力差等结果。多动症儿童起病时间为学龄前，高峰发病年龄8~10岁。心理学家发现，总体看来，多动症儿童占全体小学生10~24%，男生多于女生。一般表现为：

注意力不集中。与同龄儿童相比，这些孩子的注意力显著涣散，难以集中，极容易受周围环境影响而分散注意力。无论令他多么感兴趣的游戏或事情，都无法激发起他的长久兴趣。多动症儿童不能专注于一件事，经常频繁地从一项活动转向另一项活动，无论玩具、游戏都是这样，他们常常是有头无尾、半途而废。进小学后，这些孩子在课堂上的症状表现更为明显。上课时他总坐不住，动个不停，东张西望，心不在焉。集中注意力的时间非常短，因而常对老师的讲解和布置的作业听不清楚。他们做作业时拖拖拉拉，一边玩一边做，粗心大意。无论是做作业、看电视、看画报或玩玩具，他们都只能安坐片刻便要站起来走动。

活动过多。多动症孩子在婴幼儿时期就特别好动，比如不会走路时就愿意攀上爬下，学走路时就用跑来代替，能走路后更是好跑动，爬高上低，一刻也不闲。在幼儿园里，他们往往不能按正常要求的时间坐在小凳上，爱对小朋友动手动脚，什么东西都要摸一下，动一动，玩具和图书特别容易被他们弄坏。进入小学后，这些同学在课堂上总是坐不安稳，或摇晃桌椅，或骚扰旁人，小动作不断。一放学便像利箭一样冲出学校，走在路上也是蹦蹦跳跳。

回家后，他们常常是翻箱倒柜，把玩具都拿出来，这个玩两下，那个摸一摸，然后扔得乱七八糟。他们做作业时一会儿看电视，一会听广播，一会儿爬桌子，一会儿钻到床下，很难安静地写上几个字。这些孩子晚上睡觉也不老实，爱磨牙，说梦话或翻身。即使到了陌生的环境，比如别人家或公共场所，他们也是这个摸摸，那个动动，好像整天生活在“动”之中。

行为冲动，情绪不稳。多动症儿童一般都比较冲动任性，做事不考虑后果，或是行动比思维快，不经考虑就行动。比如他们走在街上看到什么好玩，就会不顾车辆任意奔跑，上课时他们会突然喊叫或随便插嘴，游戏时不守秩序，不能耐心等待，想喝水时不管杯子里的水是凉是烫，抓起就喝。还经常主动地与同学吵架或打架。由于他们情绪不稳定，缺乏克制力，往往表现得比较幼稚任性。

学习困难。多动症儿童大多智力正常或接近正常，有的还较高。但由于他们注意力不集中、贪玩好动、情绪波动，上课听讲及做作业的质量很差，严重影响了学习效果，普遍地表现为学习成绩差。

品行不端正，社会适应不良。多动症儿童由于好动、冲动等特征，经常容易违反学校和课堂纪律，爱和同学打架斗殴。为了逃避惩罚，他们可能常常说谎、逃学、离家出走甚至小偷小摸。由于不讲礼貌、不懂谦让、欺侮弱小、干扰他人等，这些孩子往往很难与同伴融洽相处。

神经系统功能失调。多动症儿童中约有一半人会出现动作不协调。在接球、单脚跳或系纽扣、系鞋带时，他们动作比较笨拙。在做游戏、写字或画画时，也可看出他们精细动作不协调。有一部分多动症同学有某种认知功能障碍，如视觉运动功能障碍(左右分不清，如把“6”看成“9”，把“b”看成“d”)或空间定位障碍(文字倒读，写反字等)，并且可能伴有口吃、言语表达能力差、词汇贫乏、抽象综合能力欠缺等。

心理学家认为，以上这几种表现中，前三种是多动症的核心症状表现。

那么，**怎么判断孩子有没有多动症？**

心理学家提醒人们，判断儿童和小学生是不是患有多动症时，必须十分谨慎。因为有些其他疾病，如焦虑症、精神发育迟滞、癫痫、儿童精神病、器质性脑综合征等，也有类似于多动症的症状。甚至有的父母、老师把一些孩子正常的活泼好动也看成是多动症。因此，对那些具有类似多动症症状的孩子，应送到精神科，请专业人士确诊，这样才能对症治疗。

上面提到的小强有多动症症状的前三个方面的情况，基本上可确认为多动症。

所以，儿童一般性多动行为与多动综合症是有着本质区别的。一般性多动行为可以随着孩子的发展和教育影响而改善，但多动症儿童则必须接受心理治疗和药物治疗方能好转。所以诊断时务必谨慎。下面是一份行为评定表，根据国际诊断标准，必须具有注意力涣散、冲动任性和活动过多三个特征，才能判断为多动症。

一、注意力涣散(至少具备下列中的三项)：

1.做事情往往有始无终；2.上课常常不听讲；3.注意力容易随着环境转移；4.很难集中思想做功课和从事其他需要长时间集中注意力的事；5.很难坚持做某一种游戏或玩耍。

二、冲动任性(至少具备下列中的三项)：

1.往往想到什么就做什么；2.过于频繁地从一种活动转移到另一种活动上；3.不能有条不紊地做事情；4.需要他人予以督促照料；5.常在教室里突然大声叫喊；6.在游戏或集体活动中不能耐心等待轮换。

三、活动过多(至少具备下列之中的两项)：

1.坐立不安；2.经常奔跑；3.难于呆在教室座位上；4.躺在床上还常常扭动翻身；5.终日忙忙碌碌，没完没了；6~7岁以前开始出现多动现象；7.至少持续6个月以上。

现在我们对多动症有所了解，所以,千万不可以粗心大意，耽误“多动症”儿童的及时治疗，但同时也要防止另外一种倾向——一般性多动儿童也被贴上多动症的“标签”。因此，我们必须谨慎地加以区分，使一般性多动儿童，能受到科学的教育。

为什么会多动呢?有可能是大脑统合失调。大脑感觉统合是将人体各器官感觉信息输入大脑统合，来完成身体内外知觉，并做出反应。只有经过统合，神经系统才能协调工作，使个体与环境顺利接触。导致大脑统合失调的原因很多，如难产、婴幼儿期缺乏爬行等。统合失调的儿童平衡、协调、自控能力均较差，常表现出好动的行为特征。而如果父母教养方式不当，过分溺爱，容易使儿童养成任性习惯，剥夺了他们学会自我控制的能力；如果要求过严，会使儿童心理处于紧张状态；家庭不和，会使儿童希望通过越轨行为引起他人的关注。假如孩子提前入学，低龄儿童的大脑、神经成熟度还不足，兴奋过程胜过抑制过程，要求他们长时间安静地坐着学习，就超过了他们身体和精神的承受范围，就会导致注意力涣散、多动行为。

那么，怎样纠正一般性多动儿童的多动行为呢?

对一般性多动儿童药物治疗是绝对错误和不负责任的，那样会损害孩子神经系统的正常发育，因此，我们必须明确，一般性多动不是病，而是一种亚健康状态。随着儿童神经系统的逐步成熟，他们多动的行为会慢慢减少。家长可通过有针对性的教育和训练加以矫治。

家长要正确认识儿童一般性多动行为，千万不要将他们当作多动症患儿，以免使他们自责或对他们心理产生负面的强化作用，加剧他们的多动行为。同时要改变自己的不良教养方式，多关注孩子的优点，多鼓励其进步，以理服人，以情感人。改变溺爱的教养方式，培养他们的独立性和责任感，营造一个尊重热爱与严格要求相结合的良好生活和学习氛围。

针对一般性多动儿童能接受暗示调节自己行为的特点，家长在教育过程中可有意识地利用语言、表情、行为等暗示，及时提醒其集中注意力，逐步养成专心做事、遵守纪律的习惯。还要培养孩子良好的生活规律和行为习惯。日常生活学习要形成规律，这可使一般性多动的儿童学会自我控制和约束，并避免过度兴奋和疲劳。引导他们将过多的活动精力投入到文体活动中去，以便他们过多的能量得到正当的疏导。

另外，家长可以进行有目的的训练。通过滑板、平衡台等有趣的体育游戏，强化刺激儿童前庭器官，抑制过度敏感的讯息，促进大脑统合功能完善，使儿童对外界刺激做出适宜的反应。简单方便的集中注意力训练。如听故事、看书、下棋等静态活动或承担一些需集中注意力的任务（穿珠子、走迷宫等），使他们静下来。此外家长可以试试这样的方法：在儿童做作业时，将其喜欢的玩具放在离他不远处，记下他玩玩具的次数；第二次做同样实验，然后告诉孩子，这次少玩几次，如此反复训练，直到儿童能够自控为止。孩子的饮食也要加以控制。少吃胡椒、辣椒等刺激性强的调味品等，对儿童多动行为有明显改善。

肥胖比营养不良更糟

父母提示

“肥胖”就代表营养良好吗?“肥胖”就一定健康吗?“肥胖”的孩子正常吗?儿童肥胖实际上是儿童营养过剩，这是对孩子危害极大的一种生理现象，它比营养不良更糟。

在北京的街头，经常可以看见“大腹便便”、“行动不便”的儿童，在这些儿童之中，是否有你的孩子呢?看到胖胖的孩子，邻居或亲戚就会带着赞赏，脱口而出问道:“这个孩子吃啥长这么胖?”你这时是不是会有种自豪感：羡慕了吧！看我孩子多能吃，多具有营养,多健康！“牙好，胃口好，吃饭倍儿香！”这才能证明我们的生活已经步入了“小康”，正逐步向“大康”迈进!

医学事实是这样的吗?

答案是否定的！

广东省某中学姓张的女学生，身高1.58米，体重却达114公斤。据其父母介绍，小张出生时并不胖，体重7.6斤，从2岁开始食欲明显增大，一个生日蛋糕一个人就全部吃完。

长大后食欲更是惊人，一餐可供五六个人饱餐一顿的菜，她一个人就可全部吃完，而且总感到没吃饱，刚吃完饭，不到一个小时又觉饿。她说她长这么大还没吃饱过。过于肥胖给小张带来了很多麻烦，如心跳过快，睡觉不能平卧，行走困难等，最让她难堪的是常遭同学嘲笑，这对一个正处于花季的少女来说是一个很大的打击。2000年11月27日，其父母将她送到暨南大学华侨医院求诊，经检查被诊断为“单纯性肥胖”，换句话说，她的胖纯粹是吃出来的。暨南大学华侨医院为了帮助她减肥，为其施行了腹腔镜胃减容手术，其重建的新胃是原来的1/9。

像小张这样极端的例子或许不多，但并非只有到她这样地步才是问题。在1986年和1996年，中华儿童保健学会曾在全国11个城市20万儿童中进行调查，结果表明我国儿童的肥胖率为2%，而国外儿童的肥胖率只有0.5%，并且我国儿童的肥胖率正以每年10%的速度增长，也就是说不到10年我国肥胖儿童就增长一倍。这不能不引起人们的担忧。这种担忧主要来自肥胖给儿童身心带来的“损伤”：心血管负担过重，还有行动不如别的孩子灵活等，极易造成心理上的自卑感和寂寞感。这样的孩子将来成人后，也易患高血压、心血管疾病、糖尿病等。

儿童肥胖实际上是儿童营养过剩，这是对孩子危害极大的一种生理现象，它比营养不良更糟。

婴幼儿生长发育极快，对各种营养的吸收和需要，根据科学测算，按每公斤体重计算，如蛋白质及热量的需要约为成人的3倍。蛋白质是人体最重要的营养素之一，是构成生命的最重要原料之一。但是蛋白质过剩易在体内形成酸性物质(脂肪、糖类过量食用也如此)。人体血液本应保持弱碱性，酸性体质的人常出现一系列渐进性病症：莫名其妙地精神萎靡，头昏、头痛等，蛋白质在人体内的分解物较多，其中氨、酮酸、铵盐、尿素等在一定条件下可对人体产生毒副作用。尤其是儿童，如过量食用高蛋白食物，不仅会增加肝脏负担，而且易引起肠胃消化吸收不良，长期下去，会使儿童肝、肾功能下降造成形体消瘦和免疫力下降。

食用动物性蛋白质诸如蛋类、奶类、肉类等过多，易诱发心脏疾病。儿童每天每公斤体重只需2克足够。值得一提的是，蛋虽属含蛋白质的优质食物，但光吃蛋也不行，它既缺乏碳水化合物，也缺乏维生素C，使人感到疲劳、嗜睡、活动能力下降等。

特别值得警惕的是：乱喂食物和滥吃营养药会引起中毒。如婴幼儿数月大量服用高浓度鱼肝油及其制品，会发生厌食、昏睡、头痛等现象。另外，科学研究表明，孕妇长期服用高剂量维生素A，对胎儿有致畸作用。

所以，孩子如果肥胖，责任在父母，主要是在婴幼儿期父母的过度喂养。婴儿从一生下来就应该合理喂养，如刚出生的8斤以上的婴儿，本身脂肪细胞就多，如果再不注意科学喂养，很容易成为肥胖儿童。有一些家长没有掌握科学喂养的方法，总认为孩子吃得越多越好，吃得越胖越好，殊不知长期这样喂下去，幼儿的胃越来越大，长大后就有总也吃不饱的感觉，食欲特别旺盛，过剩的营养就转化成了脂肪。

其次，随着科学技术的发展和对肥胖的深入研究。**专家们发现有些肥胖不属于营养过剩，而是某些“微量营养素”缺乏所致。所谓“微量营养素”，是指那些在人体内含量虽然不多，其生理生化作用却很重要的营养素，如各种维生素、微量元素等。**科学证实，人体在能量代谢和脂肪转化为能量释放消耗的过程中，需要多种营养素的参与才能完成，如B族维生素、尼克酸、铁、钙、锌等。如果这类营养素摄取不足，就会因营养缺乏而影响能量的代谢和脂肪的转化，导致机体能量过剩，脂肪贮存过多，消耗过少，从而引起发胖。

专家认为，引起“微量营养素”缺乏的原因：一是偏食挑食，或食谱过窄；二是为了减肥而不恰当的节食；三是不科学地服用营养口服液，打乱了体内营养素机制的平衡，抑制了食欲和某些微量营养素的摄取；四是错误的饮食观，食品过于精细，或零食吃得过多，富含微量营养素的粗粮、蔬菜和水果吃得太少，造成微量营养素缺乏。微量营养素缺乏所致的肥胖，与营养过剩所致的肥胖不同之处是，前者是因为能量代谢和脂肪转化消耗过少，后者是由于高脂肪、高热量食物摄取过多，过剩热量转化为脂肪贮存在体内所致。虽然这两种肥胖的起因不同，但都是因为脂肪贮存过多而引起的。肥胖本身是一种疾病，又是诸多疾病之源，动脉硬化、高血压、冠心病、脑血管病、糖尿病、脂肪肝、胆石症、痛风及恶性肿瘤等疾病，都与肥胖有关。

再次是孩子过多地摄入了高热量、高脂肪、高碳水化合物（汽水、饮料之类）的食品，汉堡包、炸薯条、炸鸡腿等并不是不能让孩子吃，因为孩子成长过程中也需要热量和脂肪，但不能一味地迁就孩子，认为生活条件好了，就不能亏了孩子，想吃多少就吃多少。现在孩子们爱吃的膨化食品，属碳水化合物，从营养角度上讲是“伪劣”食品，也是催肥食品。如此不均衡的营养会害了孩子。

另外，有些孩子吃的东西数量相当，却胖瘦不一。有一个原因是由于某些孩子不爱运动，从而导致的发胖。在这一方面，家庭的影响也很重要。有的父母对散步、长跑、游泳等运动向来不感兴趣，而孩子也往往受到影响，不太爱运动。孩子爱不爱运动是从小锻炼出来的。有的孩子是身体原因，而有的孩子是受环境(家庭、伙伴、学校等)影响。有些孩子不自信，感到自己无能从事某一项运动，比如他觉得自己跑不动，或跳不高。一旦发胖，他们就更不愿意运动了。再加上现在的孩子一个比一个娇，家长又施行过分保护措施，孩子力所能及的事也不让做，活动量小；再有就是我们一些家长的错误的想法:“孩子胖就是营养好”，其实孩子肥胖已不仅仅是营养好，而是营养已经过剩了，尤其是对小孩，营养过剩害处更大。

警惕儿童肥胖的高发期。值得注意的是，儿童肥胖有两个高发期：

一是婴儿期。在1岁以内的婴儿期，孩子活动范围小，吃的食物营养丰富，加上有的家长给孩子进食不予控制。在婴儿期肥胖的孩子，到两三岁后肥胖现象可以改善，但有一部分则持续发胖，一直维持到成年。

二是学龄初期。中度以上单纯性肥胖的学龄儿童，开始发胖的年龄多在7岁左右，这个时期的儿童，就餐常常不够规律，有进食过快的习惯。有专家认为，进食过快与肥胖有关。另外，学龄初期的儿童多数注重吃主食，而且吃得多，对吃蔬菜则往往忽视。其结果是使体内多余的热量转化为脂肪，导致肥胖。

因此，在儿童肥胖的高发期，家长要注意观察儿童体重变化。旺盛的食欲和体重的急剧增长是发生肥胖的信号，此时，我们就应该重视起来，帮助孩子抑制继续“横向发展”。但同时也应注意到，当孩子稍大一些已经形成肥胖，胃口也增大了，再控制其饮食就来不及了。因为肥胖是一种与不科学的生活方式有直接关系的慢性疾病，这时再想控制孩子体重，使之恢复正常，家长已无能为力了，必须找有关儿童减肥方面的大夫进行咨询治疗，在大夫的指导下，以运动处方为基础、以行为治疗为关键技术、以日常生活为管理方式让孩子养成好“习惯”，使孩子受益于科学的生活方式，才能达到减肥的目的。

一位在北京某重点中学上学的男孩，曾经很胖。他随父母来儿童研究所进行“治疗”前，家中有一台冰箱是他专用的，里面存满了各类零食。“治疗”初期，这位男孩对医生充满抵制情绪，不给予配合。经过一段时间的“治疗”，这位胖孩子提高了自身减肥的主动性，自制能力逐渐增强，到后来主动提出自己不再要专用冰箱，冰箱内的零食分给小朋友们。他的体重逐步恢复到了正常状态。可以说，科学的生活方式，使他受益匪浅。

现在市场上各类减肥品种类很多，广告也颇具诱惑力。但不要盲目的相信，有关专家指出，儿童减肥，不能用成人的方法，**儿童减肥有四条禁忌：一是不许用饥饿疗法或变相禁食；二是禁止用药物；三是禁止**

短期快速减肥；四是禁止手术治疗。科学的生活方式、科学的膳食结构才是儿童健康成长的保障。

那么作为父母，如何帮助孩子减肥呢?要让孩子多吃蔬菜、瘦肉、麦类及豆类等，少吃大块肉。并让孩子少吃糖，多吃水果，水果应该是新鲜的，而不应该是加了糖水的罐头水果。加糖的食物要少吃，此外，用奶油和糖制成的点心也要少吃，多吃海鲜，并为他们提供活性奶、脱脂奶以及白开水等饮料。同时，让孩子少吃零食，如果有必要，也可以在两餐之间饥饿时吃些有营养的零食，并用水果、核桃代替面包和糖。

不少孩子发胖是因为缺乏锻炼所导致的。因此，父母应该告诉孩子要少吃多动。暂时的大量运动是不解决问题的，父母应该调整孩子的活动习惯，鼓励他们坚持运动，以减轻他们的体重。体重减轻了，运动锻炼却不能停止，每天早起的锻炼可以成为全家人的习惯。此外，群体活动极为有利，既可鼓励孩子加强锻炼，又可以促进孩子之间的联系。比如加入学校的体育队等。另外一个有效的办法是促进孩子的原有运动，而不是重新介绍一种新的体育运动，如跑的更远一点，跳的更高一点。如果家住在较高的楼层，父母不妨鼓励孩子不坐电梯，而是走上去，这可以成为一个很好的锻炼机会。

对于年龄大一点的孩子，父母不妨正式召开家庭会议，讨论减肥的必要性以及好处，同时运用不同的方式，依照孩子的年龄，促进减肥的成效。如果孩子的体重增加，便被罚去做自己不喜欢的杂活；如果体重减轻，父母会给予额外的奖赏。此时，父母应当注意，不要责骂或者发火。

“自我控制”是最为有效的途径。如果孩子自己下定决心要减肥，可以控制自己的食量与体重。这也是培养孩子自我责任心的良好开端。调查表明，只要重复纪录自己的某项行为，自己就会有愿望去改进。例如，让孩子把每天吃的食物记录在自己的日记本上。一旦他看到自己吃的太多，便会警觉起来，从而加以控制。

同样，“自我奖励”比别人的奖励更为有效。大一点的孩子很快就会学会自己制定任务，付诸实践，然后奖励自己。如果他适当地吃了营养食品，并加强了锻炼，他便可以为自己安排有趣的活动，比如看电视、读书、听音乐、与别人聊天等。此外，孩子还可以为自己的减肥安排有益的环境，比如把吃的地点限定在餐厅里。同样，食品不要放在显著的位置上。进餐时，父母应该劝孩子细嚼慢咽，这不仅减少了进食量，而且会使孩子获得更大的愉悦。对于孩子的积极行为，父母应该加以注意，并且给以夸奖，鼓励、增强他们的独立与自制能力。

眼睛的问题

父母提示

眼睛是心灵的"窗户"，这是我们早已经熟悉、默认的比喻，它形象地说明了眼睛的作用，以及保护视力的重要性。那么你的孩子呢?现在是不是"窗户明亮"?是不是像水晶一般清澈温润?如果孩子眼屎多，你认为是睡觉睡得太多了?孩子在晚上或较黑暗的环境中一个人走，东碰西撞，常常跌倒，你以为是孩子走路不老实，不好好走?如果你对这几个问题都含含糊糊，那么再问一个问题就明了了：你知道你孩子的双眼能否同时转动吗?

如果你对最后一个问题的回答是肯定的——能！那么你对孩子是关心的,而且是相当细心的。但如果你的回答还是含糊或者是否定的，那么你的孩子的眼睛就有可能需要注意一下，因为或许你很忙，原来没有时间去管这些事，一直认为小孩的眼睛没有用过多长时间，肯定不会有问题，实际上小孩的眼睛的问题还是很多的，如果不及时发现、治疗的话，有可能遗憾终生！——这绝不是危言耸听,而是提醒以前大意的家长，及时关注孩子的眼睛，防患于未然，因为现实生活中为孩子的视力后悔不已的父母为数不少，究其原因，就是自己的粗心、大意，延误了时机。

下面让我们看一看一位家长的真实而又充满着悔意的叙述吧！

“都是雾，我看不清楚。”女儿又开始叫了。每回吃饭，热气腾腾的饭菜上来，熏得女儿的小眼镜上一片模糊。自从女儿戴上了眼镜，麻烦的事一桩又一桩。睡觉、洗脸要摘下眼镜；每天早晨要给她擦眼镜；下雨天，要接送女儿上学、放学，因为怕雨水模糊了她的眼镜，安全第一重要嘛……

女儿不是先天性眼睛不好，我和她爸爸的视力都是1.5。可是那次幼儿园体检，女儿的视力只有0.5，把我们吓了一大跳。会是弱视吗?会是近视吗?这才想起女儿看东西老是眯缝着眼睛。哎！为什么没有早注意到。忙带女儿去医院检查，结果是散光，得矫正。于是，女儿早早地戴上了小眼镜。

追究起原因，是因为我们做家长的平时没引起足够的重视。

女儿老说眼睛疼，我也没太在意，可能是风沙吹进眼睛里去了吧，就用热毛巾为她敷敷，女儿就说好舒服。可是后来发现女儿一直在流眼泪。我仔细检查她的眼睛，发现她下面的睫毛有几根是倒长的。请教了几个同事，他们告诉我，这叫睫毛内倒长，多见于4岁以下的儿童，到了一定年龄，会自然好转的。只要用湿毛巾敷，眼泪和疼痛就会消失，我也就放下心来。以后女儿一说眼睛疼，我就对她说，不要紧的，妈妈用湿毛巾给你敷敷就好了。

很长一段时间里，在吃饭时，看电视时，玩耍时，高高兴兴的女儿会突然跳起来，捂住眼睛大叫“倒毛了！倒毛了！”她记住了我的警告，不再用手揉眼睛了。次数多了，我有些不放心，又一次带女儿去医院看，医生说倒睫毛一般不校正很难好，要开刀，把眼皮结扎后使眼睫毛往外生长。睫毛内倒长会刺激眼睛的结膜和角膜，严重者会引起结膜炎。可想想开刀后会不会有疤痕，正在考虑时，见一个刚动过手术的孩子走过，两眼肿得像个核桃。女儿大叫：“妈妈，我不要开刀，我以后很听话！”看着女儿可怜兮兮的样子，便犹豫了。于是又拖了一段时间，女儿5岁了。

幼儿园再次体检，女儿的视力下降到0.3。没办法，只好带着她三度上医院。医生用放大镜照着女儿的眼睛说，该早点动手术，你女儿因睫毛内倒长，戳坏了眼睛的晶状体，改变了晶状体的折光效果，形成了散光，而且情况越来越糟糕，你来看看。我凑过去看，只见放大镜下那些像芝麻一样的斑痕，很触目惊心。我着急起来，下决心为女儿动手术。

果然，开刀后，女儿的眼睛不再喊疼了。而且一段日子后，经过校正，视力也恢复了正常。可是女儿从此成了“小眼镜”。

而现在这样的“小眼镜”越来越多。在去年秋季开学后的第一个星期天，成都几家大型配镜中心里，刚刚上学的学生和他们的家长把各个配镜中心挤得满满当当，配镜中心的生意变得空前“兴隆”。在某家配镜中心，前来配镜和咨询的人把整个营业厅挤得满满的。据中心经理介绍，当天上午该中心配镜数量估计超过了400副。来配镜的基本上都是学生，其中小学生占了相当比例。配镜学生中年龄最小的只有七八岁，以十几岁的中学生最多。据该部的一位大夫讲，当天来配镜的学生比平时要多好几倍，他们已经制作了200多个近视、远视或者弱视眼镜。记者了解到，来这家配镜部配眼镜的也多为孩子，年龄最小的仅5岁。一位带着上初二的孩子来配镜的家长对记者说，寒假过去，孩子的眼镜度数又增加了，“真搞不懂娃娃咋个近视这么快。”该家长无奈说。

据专家介绍，这些孩子多数不是先天性近视，而是因为后期的眼病没有及时地发现，加上不正确的看书学习方式、近距离看电视、长时间上网和看影碟等导致近视的，这种现象不能不引起我们的相当重视。

另据报道，我国幼儿因为看电视而得眼疾的发病率上升。随着电视机、摄像机及VCD逐渐普及，3~6岁幼儿视力在逐年下降，眼疾发病率有逐年上升现象，据调查，在幼儿园，眼疾发病率：大班为18%，中班为16%，小班为6%；视力不良：大班为20%，中班为12%，小班为5%。可以预计，如不予重视，幼儿眼疾发病率及视力下降将会严重影响少儿的身体健康和成长发育，这该引起家长和幼儿园教师的高度重视了。

据上海浦东新区北蔡镇中心小学和镇卫生院《幼儿保健调查表》提供的整体抽样调查表明：不仅有92%的幼儿每天都要看电视，而且有88%的幼儿每天沉湎于电视机前达1.5小时以上。幼儿看电视时间在晚8点半以后的占40%，而这时正是幼儿入睡的最佳时机。由于居住条件限制和家长的不重视，看电视时人与荧光屏距离在2米以内的占83.8%。

面对扛着眼镜的孩子越来越多、越来越小的事实，我们不能再大意下去了，赶紧行动起来，保护眼睛——从娃娃抓起！

专家建议，幼儿以不看和少看电视为宜，一般不宜超过1小时，看电视时眼睛与荧光屏之间距离必须大于2米；看电视时宜开一盏小灯并注意电视机清晰度。

另外，家长还要注意以下几个问题：

其一，幼儿的视力不良，主要靠家长观察发现。那么，幼儿视力障碍或眼疾又是怎样的呢？

通常情况下，视力正常，眼睛不痛、不红、不痒，能辨别颜色，在黑暗中能自由行动，是眼睛健康的表现。婴儿对亮光、鲜艳的色彩会引起注意，用色泽鲜艳的东西逗引，他的眼珠会随之灵活转动。如果双眼固定，不能跟着物体转动，或者双眼不能同时转动，或转动范围大小不一致，可能孩子眼睛形觉功能有障碍。

孩子到了2~3岁，可以教其分辨颜色了。色觉功能健康的孩子能说出或取出简单的带颜色的物体如红、绿、黄色。如果孩子对颜色不感兴趣，或取出去的都是固定、统一的色调，有可能是色弱或色盲。

孩子在晚上或较黑暗的环境中独自行走，如行动自如，则正常；若东碰西撞，常常跌倒，则可能光觉功能有障碍。

从外观上看，孩子眼睛不红、清亮，左右黑眼珠对称，瞳仁呈黑色，则基本健康。反之，若眼泪多，可能是先天性泪道阻塞；眼屎多，说明眼睛有发炎症；瞳仁发白，则可能是白内障（早产儿多见）。另外，若当孩子盯住某物时，眼球抖动，往往是先天性眼球震颤，肯定视力差，家长应引起重视。

其二、孩子若出现眼睛发红、疼痛、歪斜，分泌物增多，流眼泪，看东西时头侧向一边，眯眼，皱眉等异常表现，是不是应及时去医院请眼科医生检查？

答案是肯定的，只有早发现、早治疗，才能早康复。有的眼病外观可能没有表现症状，早期经医院体检，可发现疾病，最好当孩子3岁时(能配合视力表检查)带孩子到医院眼科作一次健康检查。

其中有一点是家长必须了解的，由于视力功能尚未发育完善，婴幼儿的视力并不能达到成人正常水平。裸眼视力新生儿小于0.1，2~3岁幼儿视力在0.5~0.6左右，随着年龄增长，视力不断提高，5~6岁时可达1.0，如不能达到这个标准，属于视力低下。

有的家长会问:“鸡眼”是不是就是斜视呢?

斜视有真斜视和假斜视。真斜视是指两眼无法同时注视一个物体，使得物体在两眼视网膜上的成像无法正常对应，因而产生复视的现象。也有患儿外表没有斜视症状，只有在医生检查时，或极度疲倦时，才会表现出来。

有的斜视患儿会出现歪头、侧脸、斜眼等症状，但并非所有类似现象都是斜视造成的，脖子肌肉异常，近视或散光也会造成视力不良，出现上述症状。还有很多孩子因鼻梁较宽使两个黑眼珠紧贴着鼻子，看上去像“斗鸡眼”，检查后，多半没有斜视，这是假斜视。

弱视是儿童视力不良的一大病症，有好多家长会问：什么原因会造成弱视呢?

家长应明白并不是视力不好就是弱视。眼球构造正常，无器质性病变，但机能异常，经验光配镜矫正后，视力仍无法超过0.8的才称之为弱视。

造成弱视的原因主要有以下几种：斜视引起；双眼屈光参差，左右眼相差300度；高度近视（指大小600度）、远视、散光引起；形觉遮蔽性，无正常的视觉刺激，如眼睑下垂；医疗手段尚查不出的先天性眼神经疾患。

其三、经医生检查，孩子被确诊为视力不良该怎么办呢？

5~6岁期间，孩子的视力发育将达到成人的视力水平，这是进行矫正及治疗的最佳时机，一旦错过这个时期，将事倍功半，甚至遗憾终生。

首先，弱视的治疗。

1. 需矫正屈光异常，患儿必须到医院进行扩瞳后验光配镜，孩子的眼睛调节功能很大，不扩瞳是不能正确验光的。戴眼镜的目的，就是要通过眼镜的调节使物像落在视网膜上，像照相一样聚焦清晰，使眼睛能正常工作。佩戴眼镜是弱视儿首选也是最必要的矫治手段，如果眼睛的视觉功能长期不发挥作用，眼睛的功能将会退化。12岁后，眼睛不再发育，使视力恢复正常的可能性就很小了。

2. 在配镜矫正的同时，可配备仪器辅助治疗，如光栅刺激、后像疗法等。

3. 对屈光参差的患儿，则采用遮盖疗法，把好眼睛遮住，强迫弱视眼观看，以训练其视力。

4. 对重度弱视儿，可采用穿针、画图、看书等强迫使用视力的训练方法。

其次，斜视的治疗。

斜视的预防工作要从婴幼儿时期抓起，家长们应认真观察孩子的眼睛，以便尽早发现，及时治疗。常见的预防措施有以下几点：

1. 有斜视家族史的儿童，尽管外观没有斜视，也要在2周岁时请眼科医生进行验光检查，注意有无远视或散光，以便及时矫正。

2. 幼儿在发烧、发疹、断奶时应加强护理，并经常注意观察其双眼的协调功能，看眼位有无异常。

3. 经常留心观察孩子的用眼卫生：灯光照明要适度，印刷图片字迹要清晰，不要躺着看书，读写姿势要端正等。

4. 3~4岁时应去医院作一次较全面的眼科检查。包括视力、眼底、有无斜视，以便早发现、早治疗。对双眼视力不等或差别较大的儿童，应立即进行散瞳验光，以明确有无屈光不正，以便及时矫正。

最后需强调的是：眼镜对视力不良患儿来说非常重要。

准确的验光、正确的佩戴，对孩子的视力能否得到真正矫正，起着举足轻重的作用。

家长应该注意：一、用眼镜矫正视力，需每年带患儿检查一次，以便随时调整眼镜度数，适应眼睛的屈光变化。二、眼镜会给孩子带来诸多不便，但必须培养孩子恒心和耐心，必须彻底执行。当矫正视力达到100度以下，视力改善后，仍然需要随访一年，续戴一年，如果急于摘下眼镜，视力还会退步，那就前功尽弃了。

睡得好不好

父母提示

孩子到了一定的年龄和父母分开睡是很必要也是很正常的，这样会使孩子尽快地走向独立和自理。但是，你对孩子的夜间睡眠情况了解吗?你的孩子晚上睡眠时容易踢被子吗?他说梦话吗?磨牙吗?经常被噩梦惊醒吗?早晨醒来后，还喊困吗?

如果你不了解，那么是不是应该多问一问、看一看你的孩子，因为睡眠对一个孩子的生长发育起着重要的作用。睡眠在一个人的一生中约占三分之一以上时间，作为生长发育高峰期的孩子对睡眠的需求会更高。这是因为，睡眠与生长激素的分泌有关。人类的生长发育依赖于脑垂体分泌的生长激素，生长激素只有在睡眠时分泌的量最多；人体各种营养素的合成也只有在睡眠和休息时才能更好地完成。所以，睡眠充足，孩子的生长发育就快。年龄越小，睡眠应越多。学龄儿童和青年人一般每日应不少于8小时睡眠。

而如果你了解，你的孩子有上面的几种情况里的一种或者两种，那么你重视过吗?你带孩子看过医生吗?你采取过措施改变孩子的睡眠现状了吗?孩子的睡眠质量提高了吗?如果你的回答是否定的，那么你是不是也应该多关心一下自己的孩子呢?

专家指出，睡眠不安稳的现象在2~5岁的孩子尤其是2岁的幼儿中较为常见。这一般是孩子成长过程中一种不安全感的正常体现，属于正常反映。做梦频繁与不安稳是儿童睡眠中最严重的问题。大约有39%的3~

10岁儿童常在夜间被噩梦惊醒。在孩子10岁时，这种现象达到高峰，而且在女孩子中尤其普遍。10岁以后，噩梦的现象逐渐减少。

儿童睡眠出现的障碍一般有如下几种表现：夜间频频醒来、睡不安稳、恐惧黑暗、夜间磨牙、遗尿、呓语、梦游、睡觉中大笑、摇动身体、抓挠皮肤、入睡困难和易惊醒等等。

儿童睡眠障碍的原因很多，归纳起来有以下三种情况：首先是精神刺激，比如受惊吓，或有苦恼的事情又不愿让家长知道，或家庭关系紧张，总在压抑中过日子等。其次是疾病，最常见的是特异性皮肤病，其中90%的儿童年龄在5岁以下，因夜间起来抓挠皮肤而影响睡眠。最后是用药的影响，如哮喘病人服用茶碱药，可发生入睡困难和易惊醒；慢性病服皮质固醇类药物，可发生夜间醒来次数过多、易惊醒、多梦等。

尽管大多数孩子都会出现睡眠问题，但是我们还是要重视那些噩梦持续频繁、睡眠持续不稳等现象，因为这往往是孩子情感问题的早期征兆。下面让我们一起来关注一下几种孩子睡眠中常见的问题。

不安稳

有不少孩子在夜间睡不安稳。有的翻来覆去，有的腿挂在床边，有的挥动胳膊，有的踢开被子，咬牙，有的很容易被轻微的响动惊醒。这些现象普遍存在于少儿之中，但有的孩子症状较为严重，已经成为不可忽视的问题。经过调查表明，21个月大的孩子中，有38%的男孩和27%的女孩存在着上述严重的症状。孩子11岁时,分别降低到22%和16%。14岁时,仍然有11%的男孩夜间睡觉“不老实”，而在女孩中，这种现象已经基本消失。

对于孩子来说，不安定的因素来源于一种紧张感。一般来说，白天好动不安的孩子往往在夜间也睡不老实。也就是说，这些孩子好像在夜间也要进行他们白天的好动行为。有时候，这种不安也是由于白天活动过量，过度劳累而引起的。由于疲倦，孩子每天需要8~10小时的睡眠时间，而实际未能得到，精神过度疲倦。因此，父母可以让孩子周末多睡几小时觉，或是让他放学后小睡一会儿。

夜间咬牙是睡眠失调的另一种常见的现象。6~12岁的孩子中，14%有夜间咬牙的问题。有的时候，咬牙的声音甚至传到了父母的房里。咬牙会造成孩子牙齿生长不良，而且使孩子早上醒来，感到腭骨很累。要解决这个问题，需要父母让孩子在睡眠的时候放松身体，并且在睡觉前要做一些轻松的活动。

噩梦

噩梦实质是夜间睡觉缠身害怕的心情，主要是冤狱可怕的梦境。一般来说，孩子从3岁开始，就已经有轻微的做梦现象。不过在那个年龄，孩子往往是突然被惊醒，叫喊起来，再过一会儿，又能很快地睡着。4岁半到5岁时，做梦开始逐渐频繁、严重。孩子梦中的体察开始具体，因此也就更加感到可怕。他们会在睡梦中突然尖叫，并且伴有出汗、表情木然、呼吸困难等现象。比如孩子感到有重物压在他的胸口，使他窒息。但他往往是很快就惊醒，又能很快平静。5岁的孩子已经能够形象地描述他们的梦的内容。有时他们不敢把梦讲出来，因为他们害怕梦变成真的。

造成噩梦的原因很多，比如内心忧虑、恐惧惩罚，或者是愤怒情绪等。在孩子清醒时，这种情绪也会出现，但由于孩子在睡眠中，心里的防线较弱，这种情绪就会表现的较为极端。虽然噩梦不是父母缺乏爱心造成的，但是，如果父母确实是没能给予孩子应有的关心，就会加深孩子内心的烦恼。此外，身体不适以及各种疾病的侵扰，也会造成噩梦。

一般说来，1~4岁的孩子中,都或多或少的做过一些不愉快的梦；4~8岁时噩梦达到高峰。当孩子长到8~12岁时，仍然有28%的孩子有严重的噩梦症状。5~6岁的女孩是最严重的噩梦患者。不同年龄的孩子，其梦境有所不同。1~4岁儿童常梦见野兽在后面追他们；而5~12岁的孩子则经常梦到自己遇到的不快、困难，或者是梦到坏人要害他们。

噩梦并不需要父母花大量的精力来对付，但这至少反映了孩子没有安全感的内心活动。如果孩子的噩梦过于频繁而严重地影响了正常的生活，父母就应该采取措施，或是向专家求助。在白天尽量避免压力过大或刺激过度的活动，可以在夜间获得较为安宁的睡眠。此外，父母不要在孩子睡觉前指责或惩罚他，而应该与孩子进行一些轻松的活动，进行和睦、愉快、温暖的交流。如果父母要想让孩子服从某一个要求，千万不要用威胁的手段。白天，孩子应该能感受到自己被父母所爱，感到安全，只有这样他才会在夜间睡眠时，保持平和舒适的心境。

孩子在噩梦醒来之后，最急迫的需要便是父母的关怀。父母本身应该保持自信与镇静，快步走到孩子身边，抱起他来，轻声安慰。把灯打开，让孩子看到自己熟悉的物品与景象，以便使他彻底清醒。然后，向孩子解释这只是一个梦，只不过是睡觉后的一种反映，不是真的存在的事。还要告诉孩子，每一个人都会做噩梦，但是噩梦不会伤害任何人；并让孩子知道，你就在他的身边，任何人或物都不会伤害他的。孩子或许需要更长的时间才能平静。第二天，父母不妨和孩子继续这一个话题。

有的时候，孩子需要在房间亮着一盏灯，或者是让房门开着，进行自我安慰。明智的父母应该满足孩子的需求，但是不要让孩子到父母的房间中过夜。如果父母第一次这样做了，孩子在今后，每当这个时候就会跑进父母的房间。父母只需待在孩子的房间里，一直到孩子重新入睡就可以了。

父母应该了解一下孩子做噩梦的原因是什么。孩子是在学校遇到了难题了吗?还是遇到了什么压力?或者是和同伴不合了?一旦查出原因，父母就应该帮助孩子解决问题。此外父母还应该反省自己，对待孩子的态度是不是适当，或者是让孩子在睡觉前看了什么描写暴力的电视。

其实，梦的内容往往能够帮助父母了解到孩子做噩梦的原因。如果孩子梦见父母的一方被暴力伤亡，父母应该回想一下是不是对孩子过于严厉或者有所惩罚。如果你怀疑孩子做梦是由于孩子看病害怕打针，你不妨鼓励孩子说出来，以便证实。父母的问话应该和蔼可亲，表示出你对孩子的关心。

父母应该鼓励孩子克服恐惧心理，要自信、自我控制。比如你让孩子把梦中的咬他的黑蜘蛛画下来，然后告诉他，黑蜘蛛一点也不可怕，你完全可以打死它。你便让孩子拍打纸上的蜘蛛，然后把它撕掉。

马来西亚的西奈部落人，曾经叫他们的孩子在做噩梦之后，把梦境画下来，并且把自己也画上去，在危险中攻击可怕的敌人。他们鼓励孩子把梦画成一系列的连环画，并画这孩子坚持战斗，一直到援兵赶来。西奈人认为，人做噩梦，是由于在梦中胆小退缩，所以只要人们学会攻击并驾驭敌人，他就会消除胆怯心里，因而在他的梦中也会更多地以胜利者的姿态出现。我们不妨也学一学这种方法。

失眠

失眠实质是无法获得充足的睡眠。主要是指：难以入眠；时常惊醒；醒地过早。孩子需要的充足睡眠时间，取决于他的年龄以及个人的需要。按照平均数字来说，2岁的小孩每夜需要13小时的睡眠；6~8岁时需要11小时；10~12岁时需要10小时; 16~18岁时需要8~9小时。大部分孩子是在晚上7~9点钟上床睡觉(只有10%的孩子睡觉比较晚)。一般说来，如果孩子白天不睡午觉，没有剧烈的活动或者是心情不好，总可以在晚间睡一个好觉。健康、快乐、轻松的孩子，往往能得到良好的睡眠。

有失眠现象的孩子并不少见，尤其是少年。近来，对部分初中生的调查表明，有12%的孩子晚上睡不好，37%的孩子偶尔有睡眠失调的反映。这个数字已经接近我们成年人及青年人的调查结果——成年人的失眠症的占15~30%。

所以如果孩子已经失眠了或者白天就喊自己困，父母就应该首先观察一下这是不是神经原因造成的，此外，父母还应该了解一下，孩子是不是服用了什么药物，或是有什么病症。幼儿往往不愿意睡觉，是他们对睡眠怀有一种矛盾心理，总是担心入睡后会发生什么事情。少年的失眠也是个人的情绪造成的，比如紧张、忧虑、自卑、沮丧、疲劳等。有的孩子白天活动过度或过于兴奋，到了夜间仍然无法入睡，造成失眠。

在了解孩子的失眠原因后，父母可以从以下两个方面入手，帮助孩子战胜失眠：

(1) 让孩子的饮食起居具有规律性

制订作息时间表。父母应该保证孩子正常的作息规律,即每日按时睡觉、起床。周末，父母不妨为孩子安排特别的活动，允许他睡晚一会，作为日常生活节奏的调整。孩子大一点时，应少睡午觉。

自我安宁法。睡觉前的一个小时之内的活动应该轻松、安静，如读书或者看电视，父母应避免让孩子进行剧烈的活动，或看恐怖的影视片。此外，睡觉前的热水浴也可以让孩子放松身心，获得良好的睡眠。

适当的饮食。孩子的饮食要适量，尤其要避免夜间吃地过饱。同时，在睡觉前的5~7小时内，孩子不要摄入含咖啡因的食物，比如咖啡、可乐、巧克力或者是可可。另外，睡前不要饮酒，虽然酒能帮助人入眠，却同时容易在深夜引起不安稳的睡眠。不过孩子睡觉前，不妨吃一点零食，最好是含丰富的氨基酸类的食品，如牛奶、豆类、奶酪、鸡、鸡蛋、汉堡包、花生酱、猪排、牛肉、或是鱼类等。

锻炼。父母应鼓励孩子积极参加体育锻炼，增强体力，以便承受相对剧烈的体力活动。不过，应有规律的活动，如打网球等。白天的体育锻炼，有助于孩子对更长睡眠的需要。

睡眠环境。如果孩子的卧室很热，空气不流通，孩子的睡眠无论是质还是量，都好不了。父母应想办法，保证孩子房内的空气爽快舒适，以免孩子感到喉咙干燥。此外，过于嘈杂或者拥挤的睡眠房间也是不可取的。因此，如有可能，在孩子上床睡觉时，父母应把邻室的录音机和电视机的音响调到低度，以保证安静的睡眠环境。

卧床限制。父母不要让孩子在床上看书或看电视，甚至休息。床，对于孩子来说，只是睡觉的地方。

⑵ 让孩子恢复平和的心理状态

精神放松，肌肉放松，改变就寝时间。

父母应帮助孩子选择就寝时间。这一时间既应符合孩子的体质，又适合孩子的睡眠需要。不少少年属于“夜猫子”型，只需5小时睡眠即可。

安慰。父母应告诉孩子，很多人都有失眠现象。这主要是忧虑带来的紧张。如果处理好引起烦恼的难题，就会轻松起来，失眠现象就会消失。父母还应该安慰孩子，一两次睡不着觉，不会对身体造成明显的损害，没有必要太担心。否则，失眠就会更加厉害。

不要放任。孩子失眠，你不要让他过来和你聊天，也不要让他睡在你的房中，以免加剧失眠状态。若孩子睡不着，走进了你的房间，你应该态度坚决地让他回去睡下。如有必要，可以将他强行送回。例如：有一个15岁的男孩，患有失眠，每当睡不着时，就走进母亲的房间中，讲述自己的烦恼。后来这种情况几乎每天晚上都发生，甚至一小时内重复多次。如果母亲不让他这样做，他简直就无法入睡。后来，母亲采纳了专家的建议，不再听孩子的唠叨。每天晚上睡觉前母亲让孩子把白天的烦恼倾诉出来，让后让他安心入睡。如果孩子晚上还去找母亲，母亲就将第二天的谈心取消。不久，这种方法就生效了。

药物治疗。

安眠药片往往能起到神奇的作用。不过，长期服用药物来帮助睡眠，会导致人对药物的依赖性。所以，不应过于依靠药物的作用

睡眠严重不足

当今，谁最苦、最累，压力最大，最缺少休眠时间?很多人会说是中小学生。人们有目共睹：全社会所有工作的成人都已享受每周“双休

日”制，我们的中、小学生，那些年仅7~17岁左右的孩子们，却恰与成人相反，他们中有相当数量的人，不仅没有“双休日”，反而连睡眠时间也因学校、老师或某些家长的强行补课，而被挤掉太多。“中小学生普遍睡眠不足，睡眠质量不高，严重影响了生长发育和身体健康”，这是儿童青少年卫生专家的一番感慨。

据有关资料，目前世界各国中小学生每年学习时间最长的是中国。至于“全民健身计划”，似乎中小学生例外，孩子们根本没有时间健身；各地中小学的补课攀比，愈演愈烈；毕业、升学考试主要科目的考分越定越高，有的由过去的满分100分升到120分，再升到130分；考题分量逐年增大，考试范围由课本延伸到课外的比例也在增加，随之而来的课内课外练习资料、辅导题型，如雪片从不同渠道飞向学生。不少中小学校在升学率的名利诱惑下，任意给学生加码、补课、收费！

补课，已成为时下中小学校的一股不可阻挡的潮流，且一年尤胜一年！初时，仅为部分差生短暂补习。补的时间一般占晚上1~2小时。随后，补课演化到全班、全校、全县乃至全地区的中小学生。由小学生下午放学补1节课，中学生补2~3节课，再增加到晚上也要补2~3小时的课。再后来是节假日、双休日统统占为补课时间。如川南某市一所中学，起初时，是一个班补课，接着全年级仿效，后来是全校齐动员。一个学校这样做，其他的学校都跟着。春节仅放学生5天假，又让学生回学校补课！为学生补课的老师，评上省、市、学校先进。

可是那些补课的孩子们呢?每日从早上6点半起床，7点到校，一直忙到晚上七八点才回家，有时晚饭后又补两小时，回家还有大量家庭作业，有些孩子做完了老师布置的作业，还要做父母布置的作业，总要熬到夜里十一二点才睡觉。有些毕业班的孩子们每夜睡眠仅有三四个小时。老师家长出于抓学习成绩而大量占用孩子休息时间的做法，专家认为“得不偿失”。

孩子的睡眠与生长发育是密切相关的。孩子的生长是在睡觉时完成

的。睡眠时，休内生长激素增多，睡的越香、越深，生长激素分泌就越多、越旺盛，孩子的生长发育也就越好。克扣孩子的睡眠，等于克扣孩子的健康！

青少年时期是长身体的关键时期，按照科学要求，小学生每天的睡眠不能少于10个小时，中学生应该在8~9个小时，这是正常的生理需要。可现在的孩子大多都没达到这个睡眠时间，而且，相当多的孩子睡眠质量也不高，对学习和身体是很不利的。睡眠不足对健康的害处有以下几个方面：

其一，视力下降。现在小学生中视力不好的约占10~20%，中学生中约占30~40%，而大学生则高达50%以上；其二，体质较弱。一遇天气变化、季节交替，总有不少学生感冒发烧、打针吃药；其三，神经系统疾病明显增多。有的学生已开始出现神经衰弱症状，小脑缺乏活动训练，动作行为大多显得呆傻笨拙。而大脑思维反应也被圈死在课本、习题、练习、考试的“怪圈”之中，对圈外更广阔的天地，有的孩子竟一无所知。正是基于孩子的健康和前途，诸多专家坦诚而鲜明地劝告老师和家长：“要充分保证孩子的休息时间，不要任意增加孩子的学习量，特别是别让孩子开夜车。指望克扣孩子的课外时间把学习抓上去，很可能适得其反！”

弱不禁风

父母提示

你的孩子经常生病吗？如果一般不生病，那么夏季容易中暑晕倒、冬季容易着凉感冒吗？或是没走多远就喊脚酸，经常懒洋洋的，做事提不起劲儿呢？

如果上面的现象在你孩子身上存在的话，你就不要简单地以为是孩子缺少了钙、锌、铁或者是别的，其实他什么也不缺，如果说缺少什么的话，那就是缺少两个字——体能！

上海最近对该市部分儿童健康状况抽样调查显示：目前儿童的体格形态(身高、体重等)明显较以往的儿童发育得好，但身体功能发育却不尽如人意。调查分别就孩子们的心肺功能、肌肉力量及运动能力等项目进行了测试，结果发现在体现身体速度素质的短跑和力量素质的中长跑方面，尤为薄弱。调查显示：现在的孩子有三多现象，即夏季中暑晕倒多；冬季着凉感冒多；偶尔动得强度大了，扭伤、骨折多。

试想一下，如果你的儿子是一个“手无缚鸡之力”的文弱书生，你的女儿像《红楼梦》里的弱不禁风的林黛玉，那么即使是学问再大，再有本事，整天被疾病困扰，又能干得了什么呢？我们先不说国家培养你的孩子花费的人力与财力，他无法补偿，单就他个人来讲，这样的身体能在这样激烈的竞争社会中生存下去吗?这是不用说你就很明白的。

我们经常会看到或者听到某某人虽然身患残疾但是仍然坚强的与生活作斗争，而且都成为了生活的强者，我们感到很佩服，并且很羡慕，但内心里却在暗自庆幸——幸亏自己的孩子不是残疾人，否则太痛苦了。其实，身体的天生残疾并不可怕，这样的孩子生来就知道身体对自己的生活与成功的意义，并且会有意识的去加强锻炼，去保护好自己原来健全的部分，而相反的，天生健全的孩子就没有这方面的体会，觉得自己反正四肢健全，不用锻炼也比残疾人健康，所以对于表面健康的孩子，家长忽视了他们潜在的问题。尤其是由于现在社会安定、经济水平提高、营养条件改善及良好的医疗卫生条件等因素，使现今的青少年与上一代比较，身高、体重指标的平均值有明显提高，这种假象越来越不容易识破。而实际上现在孩子身体的功能发育状况却不能令人满意。所以如何增强孩子的体能，是我们全社会都应该关心的问题，它不但关系到孩子的前途，还影响到民族的未来。

下面我们看一个并不少见的例子：

不经意间，王超已经长成一个大小伙子，虽说是初三学生，但个头、体重都已超过爸爸。可别看他个头“大”，平时也没得过什么病，却“中看不中用”，学校的体能测试“差劲”极了，跑步测试屡屡不及格。怎么办?体育不及格，会影响“中考”成绩，进不了重点高中，这可是关系到他前程的大事啊！

王超和家长急了！于是，他们来到医院专家咨询门诊看“病”，医院的一位姓赵的教授给王超仔细检查，排除了其他方面的疾病后说：要身体强壮，单单讲究饮食营养和预防生病是不够的，最根本的办法是要加强体能锻炼。经常锻炼，不仅促使新陈代谢加快，肌肉及各器官结实、耐劳；而且运动时，还促使大脑皮质、神经系统和感受器官也随之积极地工作，使身体各部位都能敏锐、灵活、协调一致地共同工作。所以说，健康活力来自良好的体能。

那么什么是体能呢?

简单来说，体能是人类从事活动所需要的身体能力。这是一种使工作学习时表现活跃、愉快而不感疲乏，同时还有余力去从事个人所好的休闲活动，以及能应付突发事件的能力。

美国白宫体能委员会认为体能由以下因素组成：

(一)对疾病的抵抗能力；(二)肌力及肌耐力；(三)心脏循环性耐力；(四)动力；(五)柔软性；(六)速度；(七)敏捷性；(八)协调性；(九)平衡性；(十)正确性。

以上因素是衡量一个人体能状况如何初步的依据。如孩子经常生病，或是没走多远就喊脚酸，或经常懒洋洋的，做事提不起劲，或像王超那样体育项目无法达标，都表明孩子体能状况不佳。

那么如何增强孩子的体能呢?

由于儿童少年的解剖生理特点，所以在小学期间的活动以短时间速度性练习为主；而进入中学以后，力量及耐力性练习的比例应逐年增加。中距离跑，属周期性运动中的次最大强度运动。要想较快地达到运动效应，这需要有足够强度和时间的练习，否则不足以刺激机能产生适应性改变。

体能锻炼要讲科学。运动量的增加应循序渐进，防止因急于求成或盲目攀比，强度超出了孩子所能承担的能力，而损害健康。由于存在着个体差异，通常以观察个体反应来判断运动强度合适与否，如果孩子在运动后精力旺盛，食欲、睡眠良好；锻炼后第二天清晨脉搏数正常，则表示运动量是合适的。

每次练习前要做准备活动。这是因为机体各部分从静止状态到进行一定强度的运动有一个逐步克服内脏反应“惰性”逐步适应的过程。准备活动至少5分钟，顺序可采取：上下肢活动→腰、腹部活动→快速步行→小步慢跑，直至把身体调节到与激烈运动相适应的程度，运动中应注意呼吸节律。不能骤然停止运动，要进行一些轻松的整理活动，如行走、慢跑等，一般也是5分钟左右。

耐力练习与定时进行运动并养成有规律的生活习惯相结合，持之以恒，这样可在大脑中形成动力定型，起到强化训练效果的作用。时间一般不限，但多在清晨或下午进行。

注意劳逸结合，充足的睡眠，充足的营养(尤其是蛋白质、维生素、食盐和矿物质)，饭后1~2小时才可进行运动，剧烈运动后不宜马上进餐，不吃冷饭和难以消化的食物。

在患感冒、发热、胃肠病或其他疾病，睡眠不足，或有明显疲劳感时应暂停耐力练习。待身体恢复正常后再进行，并应从较小的运动量开始，逐渐加大运动负荷。

第5辑 心理的隐患 NO.5

孩子只有具备了健康的心理,才能挑战未来,走向成功。

——布鲁尔·卡特

花季烦恼

父母提示

你的孩子现在12岁或者是更大一点吗？他（她）问过关于性的问题吗？如果没有，你是不是觉得很正常，而且认为不问更好，说明自己的孩子"老实"，省得跟有些孩子似的，一小点儿就说一些"谁和谁好上了"、"谁和谁在一起了"、"谁和谁谈恋爱了"，又是什么接吻、拥抱之类的，才断奶几天？就这么多的事！

如果你真的这么想，那么，你就有可能不了解你的孩子的现在，他（她）真的是像你想的那样平安无事吗？他（她）真的是因为没有性的烦恼而不问性的问题吗？

事情恐怕没有你像的那样简单！

由小学六年级至初中二年级，青少年男女学生生理发生"发育加速现象"，即身体各部位的器官均发生明显的变化。这表明他们已悄然进入"青春期"。我国男女生青春期的始发时间一般女生为10~11岁，男生为12~13岁，女生较男生早些。但因种族、社会条件、地理环境和经济状况不同而存在着个体差异。

所谓青春期是指一个人的性机能发育期，即性机能由不成熟发展为成熟的过渡时期，有些学者又把这个时期称为"反抗期"或"危险期"。在这个时期里，青春男女无论在生理发育方面，还是在心理意识萌发和形成上都发生着迅速的突变。生理上主要表现为"第二性征"的出现，生殖器官的发育逐渐形成，已有生殖能力。心理上的变化主要表现为产生“性的知觉”即对性问题渐感兴趣，关注异性、容易被异性吸引。因此了解这个时期的青春男女的性心理特征，不论对教师、家长，还是青少年学生都有十分重要的教育和指导作用。青春早期男女学生性心理特征可以概括为如下两个方面：

一、开始产生性意识，但性观念模糊。

随着性生理机能的变化，性激素对性的萌发和成熟方面发挥作用，青春期学生便产生两性关系的朦胧意识。性意识的出现是青春期的典型的心理特征。心理学研究表明，在性意识的发展中有三个特点值得引起注意。

⑴ 异性吸引的产生。由于青春期男女生性器官发育，两性在形态上发生了根本的变化。使他们在心理上出现彼此相互吸引的性意识。他们开始意识到两性生理上的差异性，并表现出复杂的内心情感体验。对异性的关注一方面是从内心深处感到异性的存在，因而他们总是千方百计地试图接近异性，探索异性的秘密，或以各种方式引起异性的注意。另一方面是对文艺作品中的性现象的描述和影视、录像中的性刺激镜头极为敏感，由此还产生性冲动。

⑵ 两性性意识成熟上的差异性。女生由于生理发育早于同龄男生，因而更早表现出对异性的注意和兴趣，早恋、初恋在初、高中阶段都以女生为多，此时的少女一般喜欢打扮自己，以引起异性的注意和追求为快，极易陷入情爱的泥潭。

⑶ 自身性体验的获得。有关研究表明，青春后期时睡眠中出现刺激性欲的梦境，男女生往往都会达到性亢奋的状态。但男性比女性在更早的年龄就已经获得某些性感的体验。因为男性产生性欲的主要原因是体内精液贮存量的增加以至造成生理紧张压迫感的情况下，不得不排出积存在体内的精液，因而需要通过遗精或手淫的形式解除生理紧张状况。

心理学研究还进一步指出，青春期男女学生性意识发展呈现出四个阶段性：一是表现出思春期的否定倾向。即小学六年级至初一。在这个年龄段，他们不但不会去接近异性，反而想躲避、排斥异性，甚至两性双方采取对抗行为，但这一切是正常的，同性者成群结队对抗异性群，并非他们讨厌异性，反而是对异性有兴趣，喜欢异性的缘故。二是补偿青春期的不安心情，表现出对年长异性的思慕和依恋。如：暗恋年轻的异性老师和身边年长的异性，甚至产生男孩的恋母情结和女孩的恋父情结。三是喜欢接近异性和对异性的狂热追求。谁和她们说话，谁就是叛徒。这是由于异性相吸的诱惑力不可抗拒，此时两性间的接触需求开始出现反弹，他们在性驱力的支配下，由原来的疏远、回避异性，发展为不仅关注异性，而且潜意识中产生渴求性爱的心理，愿意接近周围的异性，并主动追求感兴趣的异性。四是开始进入“性爱期”。这时异性双方才积极追求与自己年龄相仿的异性，并由泛泛的对异性的好感，发展成为对某个具体异性对象的专一追求。交友、初恋开始出现，约会、拥抱、接吻随之而来。

然而，处在青春期的少男少女既不知道性观念的本质，也不知道怎样对待性问题和遵循什么样的性道德规范。既对性意识恐惧，又对性关系迷惑，既有对性冲动的本能需求，又有对性关系后果的担忧；他不可能认识这一正常的生理现象，痛苦的性心理和苦痛的性生理反应交织在一起使青春男女陷入困境。这时只有手淫这一既不违反社会规范，又不损害他人行为的唯一办法缓解了他们的性冲动本能需求，手淫几乎悄悄地伴随着这一时期所有的少男少女，可以说手淫自慰是青春期性困扰的自然产物。

二、对异性产生神秘感和好奇心，性躁动此起彼伏，不能自已。

当少男少女刚进入青春初期(11~14岁)时，性意识发展加速，并日趋强烈。他们突然感到自身的表征在变化(如身高、体重和形态)。但此时很少有性冲动的体验。只是突然出现的男性遗精和女性月经开始使他们迷惑不解，惊恐不安，由此时常内心伴有一股股从未体验过的性冲动和欲望，他们开始真正意识到了性、性器官与性欲，男女有别概念生成。过去那种两小无猜的局面被打破。这时出现短暂的对异性的疏远和对抗情绪（0.5~1年），有学者称之为性反感期。实质上，此时期的少男少女并不是不关心性，而是潜意识里有着渴求性爱的心理，只是还没有接近异性的行动。接着是性意识更加发达，性爱需求强烈，对异性的好奇心和神秘感极强，青春男女都开始互为关注，尤其女性这种关注来得更早一些。他们不仅想了解异性的秘密，还想知道成年人如此精心掩饰起来的生活中的那一部分是什么。当然他对性问题的兴趣最初与色情感受无关，而是一种普通的好奇表现。概括有：

（1）对异性的生理特征产生兴趣和猎奇心理。如异性的体形、外貌、服饰、动作和姿态等。

（2）对异性的声音、气味，相片和谈话都易产生性刺激和吸引力。

（3）偶尔无意接触异性肌肤有如触电一般会产生性亢奋，尤为女性反应敏感。

（4）有与异性交往的需求，但内心恐慌、不安，驻足不前。男生一般表现为心情紧张，语无伦次，眼神不敢正视异性；女生则表现为脸色羞红，心跳加速、鼻尖、手心出汗。

（5）产生“情爱”向往，开始采取写“情书”，递“纸条”，或赠送礼品和秘密约会等幼稚、神秘的行动。

我国中学生的性教育曾经一直是个禁区，改革开放之后才打开了这扇门，但还是羞羞答答、扭扭捏捏的，回避实质性问题。由于课本和学校都不敢理直气壮地进行性教育，如有些学校在上青春期教育课时，把核心内容作为自学而有意避开不讲，越发使孩子们觉得性是神秘和见不得人的。

如果孩子们不能从正确的途径获得性知识，他们就会从不正规的途径获得以讹传讹的错误信息，这只能误人子弟。如果由学校或家长大大方方地把科学的性知识告诉他们，讲个明白，就会彻底消除这种神秘感。但是有人认为性教育可能会起到火上浇油的作用，对青少年成长不利，其实不然。性教育能使孩子们用科学的知识武装自己，防范不健康的思想和行为的侵蚀。性教育并不单纯是性知识的教育，它还包括许多内容：教会孩子们什么是爱，如何去爱，如何做人，如何处理人际关系，如何保护自己，如何爱护和尊重他人。它寓性道德教育于性知识教育之中，只有有了科学的性知识，青少年才能更好地用性道德准则来约束自己。

由于性教育的滞后，性引导的匮乏，青春期少年少女往往会做出一些大人们无法察觉的事情来：

田晓亮是市重点中学初三的一名成绩出色的学生，最近却莫名其妙地休学了，大家都觉得奇怪，可是谁也不知道原因，包括田晓亮的家长在内。

田晓亮一直就是老师眼中的好学生、家长心中的好孩子，长这么大，从来没有让老师、家长操过什么心。可是最近一段时间里，老师们发现田晓亮上课精力很不集中，一副有气无力的样子，完全不是以前的田晓亮，老师们开始以为是学习累的，可是最后田晓亮竟然发展到上课时睡起觉来，班主任觉得孩子肯定是有什么问题，决定与家长取得沟通，来共同进行教育，可是田晓亮的家长更是云里雾里，只好询问孩子，而田晓亮也是一脸的焦急，根本不知道问题出在哪里。是失眠吗？不像，因为不是睡不着觉，而是晚上的精神头儿特别大，把白天老师讲的都能弄会，只是白天的时候只想睡觉，一点精力都没有——时间完全颠倒！

没办法，田晓亮的家长只好带孩子去看医生，可是通过身体检查，一切完全正常！家长就完全没有主意了，难道能上重点高中的儿子就这么一天天地下去吗?尤其是近几次的测验，孩子的成绩已经出现明显的滑坡现象，这可怎么办?田晓亮的家长一筹莫展，只好休学回家，请了一名家庭教师，白天睡觉，晚上学习。

一段时间后，田晓亮的妈妈有一个机会出差到云南，害怕田晓亮心理负担太重，就带着儿子一起去。田晓亮到了云南的一个星期，心情特别好，而且一到晚上就能呼呼大睡，根本就没有了原来的“毛病”!

田晓亮的妈妈很高兴，以为自己的儿子终于正常了。

可是一回家，情况又坏了——田晓亮又黑白颠倒了!

田晓亮的父母决定不能就这么耽误下去了，为了孩子的健康和未来，他们决定作一次“小人”——趁孩子睡觉的时候，检查孩子的房间。

答案终于找到了，在田晓亮的日记中，有这么一段话:“……每当那白白的、粘粘的液体射出的时候，我就有一种轻飘飘的感觉……”原来自己的孩子自慰了!——晚上偷偷地手淫，消耗精力太大，白天不就没精打采吗?

其实，田晓亮的父母如果生理知识多一点的话，就应该猜到这一点，因为自慰现象在青少年中并不少见。据有关调查，男生70~90%，女生30~60%有过这种体验。

那么，什么是青春期性自慰行为呢?

所谓自慰行为是指在没有异性参与时所有自我进行的满足性欲的活动。一般有性幻想、性梦和手淫三种形式。

一、 性幻想

性幻想是指人在清醒状态下对不能实现的与性有关事件的想象，是自编的带有性色彩的“连续故事”，也称作白日梦。处于青春期的少男少女，对异性的爱慕和渴望会是很强烈的，但又不能与所爱慕的异性发生性行为以满足自己的欲望。这样就会把曾经在电影、电视、杂志、文艺书籍中看到过的情爱镜头和片断，经过重新组合，虚构出自己与爱慕的异性在一起；有的把想像中的情景用文字写出来告诉他人，以达到自我安慰；有的同学因没有异性同学邀他一起游玩，他就假设一位异性同学给自己写来了约会的信邀他一起游玩。这种幻想可以随心所欲地编，编得不满意再重新编；毫无顾忌地演，演得不理想再重新演。在进入角色之后，还伴有相应的情绪反应，可能激动万分，也可能伤心落泪。这种性幻想在入睡前及睡醒后卧床的那一段时间，以及闲暇时较多出现。部分人可导致性兴奋，女孩性器官充血，男孩射精，有的还伴随有手淫出现。这种性幻想在人的青春期是大量存在的。这种性幻想的出现是正常的、自然的。

二、性梦

性梦是指在睡梦中与异性发生性行为，达到性满足的现象。

据国外资料报道，性梦的发生率男性多于女性；男性多发于青春期，女性多发于青春后期。性梦也是青春期成熟的正常心理现象。

三、手淫

手淫是指通过自我抚弄或刺激性器官而产生性兴奋或性高潮的一种行为，这种刺激可以通过手或是某种物体，来诱导发生。手淫在青春期男、女均可发生，以男性更多见。大约90%的中学生对手淫的看法不恰当或错误。

其实，**手淫的害处并不在于手淫本身，而在于“手淫有害论”带来的心理挫伤，手淫后的恐惧心理、犯罪感、自我谴责、悔恨心理才是一切手淫危害的真正根源。**手淫是一种自慰手段，是释放性能量、缓和性心理紧张的一种措施。当然，手淫过度也是不利的，过度的手淫会使肉体的性感高潮在无须异性的正常诱惑下就得以满足，这是一种异常的、变态的性满足方式。所以我们不能笼统地谈论手淫的危害，也不提倡手淫。

所以希望青少年朋友的家长能正确的对待性自慰问题，这是正常的生理和心理现象。只要这些现象没有经常不断的发生，那它对孩子的健康和正常的心理发育都不会构成影响。

“隔代教育”的利弊

父母提示

或许我们做父母的都有同样的感觉——太累！我们不但要工作、要生活、要学习，还要赡养双方的父母、抚养教育自己的孩子，而我们就这两口子，要干的事这么多，哪有那么多精力！

的确，面对越来越大的生活压力，我们越来越感到力不从心，尤其对于双职工的家庭来讲，繁忙的工作使他们无法把精力更多地放在孩子的教育上。因此，这类家庭的夫妇即把教养孩子的责任全部或部分地交给了父母，也有一部分老人自愿地将孙辈的抚养和教育的责任承担起来。对于由祖辈来抚养教育孩子，人们称之为隔代教育。这一种教育在年轻父母那里尤其多见。

如今的家庭，有不少的儿童与祖辈的关系密切，而与其父母却相对疏远。对这种祖辈对孙辈的感情，仅用血缘关系来解释是不够的，其中还有心理上的种种原因。孙辈犹如东升之旭日，祖辈恰似夕阳之余辉，他们之间在感情上有相同性，更具有互补性。祖孙生活在一起，幼者受到爱抚，长者得到欢乐，他们之间互相补充了中间一代人由于工作、家务繁忙而留下的遗缺，这也是形成“隔代亲”的一个重要原因。由于年龄的关系，父子辈在生活观念等问题上各有主张而易产生隔阂，甚至冲突。而祖孙辈同样由于年龄的关系而互不设防，彼此更易交流、亲近，这也是形成“隔代亲”的重要原因。

有人认为，“隔代亲”有以下几个好处：

1.对孙辈有利。有不少神童就是得到了知识渊博、经验丰富的祖辈的超前引导后脱颖而出的。

2.对子辈有利。子辈忙于事业，无暇顾及子女的抚养和教育，孩子由祖辈代劳，得以解除后顾之忧，使其专心致志地干事业。

3.对祖辈有利。老人从孩子的成长中获得生命活力，不仅消除了孤寂，还可以老有所为，发挥余热。这种与孙辈生活在一起的天伦之乐，对老人保持健康的心态大有裨益。

尽管有以上好处，但从孩子的成长来看，也带来诸多的不利于儿童健康和成才的隐患。邻居家的佳佳今年6岁了，她的父母在她生后3个月时便把她交给外公、外婆抚养。时间长了，孩子对外公、外婆亲，对爸妈生疏。最让父母担心的是孩子依仗老人的疼爱，对于父母的批评教育根本听不进去。而老人则对外孙女百依百顺，孩子俨然像个小公主，娇气、骄横，自理能力非常差。

“隔代亲”对于双职工家庭来讲，的确减轻了生活负担。年轻的夫妇在生活上没有拖累，可以一心一意地投入工作，其中也有一部分因此做出了成绩。长辈对孩子的疼爱是一种天性，孩子在一个充满爱的环境中成长，有利于孩子形成良好的人格品质，如活泼、开朗、大方、真诚等。孩子在长辈身边，还可以解除老人的孤独感，增添家庭乐趣。但老人过分疼爱，就容易使孩子形成许多不良品质。我们常见到这种情景，在公共汽车上，爷爷、奶奶会把座位让给小孙子坐，还说“你坐着我放心，爷爷、奶奶不怕挤”。孩子们去春游，老人们一大早就起床做准备。火腿、鸡蛋、巧克力、饮料等等应有尽有，甚至有一个孩子拿着茶蛋看了半天后问同学，这鸡蛋怎么吃啊！至于孩子过生日，考试得了好成绩，长辈都要以钱示爱，平时给零花钱大方得很。小朋友之间打架，祖辈偏袒自己爱孙，影响孩子及时认识错误。至于穿衣、叠被等家务劳动更是不会干，使他们饭来张口、衣来伸手。爷爷在地上爬着学狗叫，为的是叫孩子能多吃……，类似现象不胜枚举。

总之，“隔代亲”对孩子的成长和发育存在的隐患主要有：

导致教育的脱代。祖辈们的世界观形成于几十年前，不少人接受文化教育的机会少，文化程度低，知识面较为狭窄。时至今日，他们中不少人对客观事物的认识水平还停留在过去的年代。在与孙辈人亲密接触中，他们的世界观无意中会隔代传播。少部分老人的思想意识陈，性格固执，给孙辈烙下了印记，对孩子接受新知识起到某些负效应。另一方面，老人们生理衰退，腿脚不灵便，喜静不喜动，带孩子时只想将之圈在家中，这种环境，易使孩子活泼不足，老成有余，且有碍孩子智能的发展。

延长儿童童稚心理。祖辈们坎坷的经历，注定了对孙辈的偏爱，这种偏爱在较大的程度上带有溺爱的成分，会阻碍孩子的正常心理发育。有不少孩子，在爸爸、妈妈面前是猫，在爷爷、奶奶面前变成了“老虎”。宠爱的结果使儿童摆脱不了童稚心理的制约。有人对小学一二年级学生进行调查分析，并将托儿所、幼儿园出来的孩子与由祖父母带大的孩子进行心理比较，发现从幼儿园出来的学生群体意识强，适应能力强，社交圈子大，能自己动手做些力所能及的事情。而祖父母带大的则不然，碰到问题，稍不如意就哭，缺乏应变能力，且不合群。“隔代亲”加重了孩子的童稚心理，延缓了孩子的独立意识和独立行为的发展。

疏远儿童与父母的关系，导致亲子的隔阂。祖辈爱孙与父辈爱子，既有相同之处，也有不同之点。相似的彼此都喜爱孩子，不同点是祖爱孙偏于慈、宽、容，而父爱子则偏于严。这种教育观点的分歧，容易导致亲子隔阂。祖辈过分宠爱和父母的严加管教，会使儿童在感情上形成错觉，爷爷、奶奶疼爱我，爸爸、妈妈并不疼我。例如，一个二年级的孩子看了2小时的电视，父亲要其完成作业之后再看，并关了电视。孩子冲着爸爸骂了一句，爸爸严厉批评了他。奶奶却在一旁说道：别说了，他比你小时候聪明得多，你这么大时还不会骂人呢！这种矛盾，不仅不利于儿童的健康成长，而且亦影响家庭的和睦。应当看到，父母与子女特殊的血缘关系，才使得家庭内父母的言行对孩子具有潜移默化的影响。我们常说，孩子是祖国的花朵，是民族的希望。然而，让一群什么事都依赖别人，扫地、擦窗都不会干的人去建设国家，会是个什么样子！以我为中心，目无旁人，只知索取及照顾，必然引起孩子性格的异化。隔代教育中形成的对孩子的负面影响已成为一个日益严重的社会问题。

古人云：子不教，父之过。越来越多的年轻父母已开始认识到过分溺爱孩子的危害，纷纷从父母那里争回教育孩子的权利与机会。他们说，孩子还是自己带好，自己带管孩子，容易及时发现孩子的毛病，可以及时纠正孩子的错误，适时地给孩子正确的教育，培养孩子良好的品质和个性，使子女茁壮地成长，决不能图自己清闲一时，影响孩子的一世！

即使有些年轻父母限于各种条件或工作忙碌等原因，不能完全由自己带孩子，但一定要意识到“隔代教育”的一些潜在不利因素，加以消除，绝不能推给爷爷奶奶就撒手不管了。

总之，“隔代亲”有利亦有弊。祖辈们应当明白，孩子迟早要回到父母的身边，要注意在孩子心目中树立其父母的良好形象。祖辈和年轻的父母们要一起制定出教育孩子的“公认原则”，实现既有一致的教育方法，又有相同的期望，共同用美好的思想，良好的道德，科学的方法，教育培养孩子，使孩子在良好的环境中健康地成长。

和母亲过于亲密

父母提示

看着自己的骨肉一天天的长大，满心欢喜的你怎样表达对孩子的爱呢?是像孩子小的时候那样抚摸他（她)呢，还是改用语言上的鼓励、行动上的示范?在孩子要自己洗澡的时候，你是坚持要给他(她)洗呢，还是看到了孩子的长大，放手让孩子去做?

这看起来好像是简单的父母爱孩子的方式不同的问题，而实际上却是对孩子的心理能否健康成长的大问题。

在一次免费心理咨询会上，一位打扮入时的妇女从人群的后面挤到了前面，却又欲言又止。

人群散开后，这个妇女四顾无人，才疾步上前，原来她是为儿子咨询。

她的儿子今年14岁，读初中，最近一段时间以来，无论如何劝导都不想去上学，儿子的理由就是上课听不进去，进度跟不上。母亲明明知道事出有因，却羞于对别人启齿。

儿子从小就是“牛皮糖”，一天到晚就知道钻在妈妈的怀里或者是扯着妈妈的衣角转来转去。青春期以后，儿子得寸进尺，总喜欢拍拍妈妈的肩背，说:“妈妈，这样拍你好舒服呀。”

起初妈妈并没有在意，直到有一天，儿子对着妈妈瞧了好长一阵子，竟然说道:“妈妈，你的胸部和肩背最好看，小时候我总觉得是奶奶好看，现在才知道，你是真的漂亮，奶奶已经老了。”

这些话让母亲心惊肉跳，她不知道什么“恋母情结”，但是她却知道乱伦是怎么一回事。她既不能惊吓如此坦诚的孩子，又无法阻止他的“不规矩”。

儿子越演越烈，直到有一天，儿子趁妈妈不防备，在妈妈的脖子上狠狠的亲了一口，妈妈这才忍不住了，她泪如雨下。自己辛辛苦苦抚养孩子，就是为了他能够健康地成长，却没有想到，儿子竟让和自己粘粘糊糊，如果这样下去，儿子以后怎样娶妻、如何安家……

妈妈生气了，儿子害怕了，伤心得不想上学。妈妈只能去哄他，谁知儿子却干脆撒娇，天天缠着妈妈，再也不想上学。

妈妈无计可施！这位母亲所说的情况，虽说并不多见，但我们也不陌生，只不过和平时道听途说的家庭故事有程度和形式上的差别，但是一般人却不会因此联想到弗罗伊德的“恋母情结”。

幼儿在3~6岁（性器期）已经能够识别男女性别，他们通过父母认识异性，并且以父母中异性者作为“性爱”对象。于是出现了男孩以父亲作为竞争对手而爱恋母亲的现象。这现象就是“恋母情结”。假如在幼儿的性器期由于种种原因没有能够超越以父母中异性者作为“性爱”对象的阶段，停留在原地，那么他就无法顺利地进入下一个阶段，性心理发展就有可能出现障碍，妨碍将来的婚姻家庭生活。

这就牵扯到父母如何处理和孩子的情感距离的问题。

人们常说“血浓于水”，父母对孩子的爱是无私的、无条件的。所以父母从孩子出生之日起就本能疼爱自己的儿女，精心爱护哺育，把满腔的爱倾注在儿女身上。但是，随着儿女的日益长大特别是孩子进了中学，此时当父母的，尤其是异性父母还能不能像对待婴儿那样和孩子亲昵呢?

应该看到孩子大了，进入学龄期，然后进入中学，父母对子女在过分亲昵就不合适了。所谓过分，是指超出正常范围的亲昵。孩子八九岁之后，朦胧的性意识已经有所发展，有了从对父母的依赖走向自我解放的趋势，独立自主的意识开始增强。这时候，父母还像对待幼小孩子那样对待他，把他搂在怀里，亲他的脸蛋，抚摸他的全身就过分了，特别是父女、母子之间。当然，在孩子小时候这样做是完全正常的，也是非常必要的，这样有利于孩子身心健康发展，也有利于培养两代人之间的亲密感情。但是，如果持续的时间过长，会增加孩子对父母的过分依赖，产生不良的后果：

1. 挫伤孩子的自主意识，生活的自理能力差

孩子的独立生活能力是在自立活动中得到加强的。父母对孩子关心的越过分，包办代替的越多，孩子动手机会越少，依赖心理就越强，甚至生理年龄和心理年龄不相称，或者养成懒惰的坏习惯，独立自主意识的发展也容易处于缓慢停滞状态，以至于出现孩子上大学了，父母不放心，有的千里迢迢地送去，帮孩子做这做那的怪现象。一位26岁的姑娘，她的长相和心理状态相当于一个十六七岁的孩子，整日里搂着母亲的脖子喊“妈——”。平时的行为也很幼稚，即使在医院的门诊室里也是如此。经过了解，才知道她的父母对她过分疼爱，从小就为她创造了一个非常舒适的生活环境，总是担心她外出被人骗了或者被别人欺负，以至于不让她和外界接触，连工作都是求别人帮忙安排的，从事打字工作，很少和别人交往，更不用说异性。她胆小怕事，离开父母就会失去安全感，经常用一种小孩的撒娇的方式来表达内心的需要，很难想象已经进入婚恋年龄的她，以后怎样为人妻、为人母。

2. 使孩子养成不知廉耻的坏习惯

有些家长认为儿女是自己生养的，搂搂亲亲，给孩子洗澡怕什么？他们不知道这样做会挫伤孩子的自尊心，留下心灵的创伤。还有的家长认为孩子可爱好玩，或者出于其他心理，动辄拥抱亲吻，随便抚摸孩子的敏感部位，时间一长，就可能使孩子刚刚萌发的不成熟的性意识，尤其是害羞心理丧失殆尽，由此发展到养成不知廉耻的坏习惯。

3. 使孩子心理变态

孩子接受父母的拥抱亲吻，常常会感到父母是自己惟一的亲人，从而产生恋父或恋母情结，因而嫉妒和怨恨父母和其他人亲热，认为母亲只能归他个人所有。更有甚者，儿子(女儿)会怨恨父亲(母亲)夺走了母亲（父亲)给自己的爱。甚至出现儿子因嫉妒而用刀子伤害父亲的报道。这些孩子常常只会满足于父母给他们的爱，而不会去主动爱别人。

4. 甚至造成乱伦

父女、母子之间的尊重、关心、爱护是正常的、必要的。但是孩子大了，就不能随随便便搂搂抱抱，更不能同床睡觉。有些家庭因为离异、丧偶、两地分居等原因形成单亲家庭或者说是事实上的单亲家庭，由于个人的孤独寂寞，就会不知不觉的期望用更亲昵的亲子关系来加以补偿。当然，这种迫切的心理需要不一定是性方面的，而是排除寂寞的需要。但是两代人的亲密应该有限度，过分的亲昵就会诱发孩子的性欲冲动，双方失去理智而发生乱伦现象。有这样的实例：一个女孩和父亲同睡十几年，当她成人的时候，父亲劝她找个合适的对象结婚，女儿却说:“我谁也不找，就跟你一个人好。”两人后来竟然发生了肉体关系。还有一个男孩，自幼失去了父亲，和母亲相依为命，吃睡形影不离。一天，儿子突然扑到母亲身上，母亲反抗和哀求均无效，只好被迫忍辱，含泪吞吃自己酿成的苦酒。还有开篇我们提到的那位母亲，如果不让儿子尽量多地接触群体，分散孩子的心思和情感，让压抑的情绪得到合理的释放，很有可能儿子的行为会更过分。

舐犊之情，父母之心。然而，爱要适度，过犹不及，不能不慎。家长要经常提醒自己，不要对日益长大的子女过分亲昵，这是很重要的。

心理脆弱

父母提示

如果孩子发烧生病，你自然会让孩子在家休息，或请假带孩子上医院看病，向医生求助；但是如果你的孩子是心情不愉快，或行为有问题，你会不会请假陪孩子去心理咨询呢？你会不会先问问专家的意见，再作主张呢？

据《法制日报》报道，2001年2月8日这一天，郑州接连发生3起中小学生恶性事件。一名12岁的少年因拒绝学拉小提琴而悬梁自尽，一名8岁的小学生因害怕上学而跳楼自杀，两个10来岁的小男孩离家出走被歹徒砍伤。

三起事件，起因虽不尽相同，但几个不幸者心理素质之脆弱，则是通病。经不起一点挫折，受不得一点压力，烦躁、焦虑、沮丧，心理失衡一下子就发展到难以自控的程度。他们像陆地缺少植被一样，内心深处也是一片荒漠。

据悉，心理疾病已跃居世界十大疾病排名的首位。目前我国的心理病人约1600万，三分之一是在儿童、青少年时期发病。

2000年寒假刚结束不久。由天津市未成年人保护委员会组织的一些知名心理医生进行的义务咨询活动，在耀华中学礼堂如期进行。在短短的4个小时里，不足10位心理医生竟接待了超过400名中小学生和家长的咨询，记录在案的病例就高达243例。

这些心理专家总结指出：当前的中小学生中普遍存在的学习困难、

厌学和考试恐怖，90%以上是由于忧郁、焦虑、自卑等心理因素造成的，而不是孩子们的智力原因。

为什么如今物质生活一天比一天好，但相当多的青少年的心理健康状况却一天比一天差呢?专家们指出，**孩子们的心理障碍形成不是孩子们自己的事，而是在校的沉重学业，在学校缺乏感情上的关怀，在家里又接受了家长们的心理负担的转嫁和压迫，久而久之形成的。**

天津市某全国重点中学的一位高三学生陈某在接受记者的采访时说:“我们觉得自己心里被许许多多的东西挤得满满的，这些东西归根结底是以家长和学校对我们的高期望值为核心。家长辛辛苦苦为我们提供物质，煞费苦心为我们规划着未来，我们就要服从他们的规划。家长的规划还没有眉目，又有了学校和老师的规划。唉，哪里还有我们自己可以自主的思想空间。我们渴望和家长和学校进行交流和沟通，并不是想在沟通的前提下再研究怎么去实现他们的规划，而是想断然对他们说‘不’……”

他叹了一口气:“唉，您说，这可能吗?这辈子还可能吗?”

这个18岁的男孩显然被自己的想法困扰很久了，他拿出一个剪报本，里面有他搜集的有关这个话题的近百篇从报刊剪下的文章。

经他分析，吃惊地发现，尽管这些文章在呼吁学校和家长对孩子的理解，在呼吁对青少年心理特点的重视，在呼吁关心青少年心理的健康成长，在呼吁交流和沟通，果然都无一例外的归结到一个主题——如何让孩子承认和接受学校与家长的绝对权威！如何让青少年承认和接受学校与家长那种恪守传统文化形成的社会生活经验，如何让青少年变得更听话！

他说，他还要继续搜集和分析。

可能，这个剪报本是他惟一的自主。也是他心理空间的一方惟一可以自主的天地。然而，在这方空间里，充斥的仍然是沉重、被动、忧郁和茫然，仍然是不利于他的心理素质健康成长的灰色因素。

这个剪报本中有一个他极欣赏的故事。

德国的一位著名大律师，他的愿望是想让自己的爱子也成为一名受人尊敬的护法斗士。

一天，16岁的儿子对他说："爸爸，我不愿意读书了，我要去做个木匠。"

这位父亲很平静地说："你先考虑两天，然后咱们再细谈。"

两天后，父亲认真地听了儿子的思考，他又平静地说："儿子，有什么需要我帮助的吗？"儿子说，需要父亲为他购置木工工具。

两年后，儿子又说，他要去读书，去进修美术和设计。后来，儿子成了一名出色的木匠，他设计制作的家具成为高档的艺术品。

……

陈某问："中国存在这样的父亲吗？"

中国社科院哲学所研究员邱仁宗教授说："心理学研究在中国曾经被中断了30年之久。现在，心理医疗成为了中国社会的'热点'，这里面严重存在一个问题，就是他们掌握的有关心理治疗知识是否符合现代科学的认识。**心理治疗不是进行社会生活经验的训教和开导，而是以尊重人的心理特性为前提，启发他排除不必要的干扰，维护心理的自然、健康。**我认为，关于青少年的心理健康问题，涉及到伦理学。中国传统伦理的核心是'道'，父道、师道、男女人伦之道，反其'道'而行之，就不再是心理学的科学认知问题，而成为了伦理道德问题。现在不少人看青少年，穿也不对，玩也不对……这里面就有家长、学校、全社会对待青少年的'心理空间'的问题。不能够从科学的认识上去尊重青少年的心理特性，而要以自己的观念去'塑造'他们的心理条件，这是很冥顽的一种社会文化形成的矛盾。"

专家的看法可能太"文化"。但是，却具有就事论事所难表达出的深刻。

其实，青少年心里很孤独。独生子女、城市空间的拥挤、电子学习和游戏机器的充斥、学校里课程的紧张和老师专注于严肃教学、家长对于人际关系紧张的体验给他们的耳濡目染，学校和家长对他们的管教，来自他们内部的学习上的激烈竞争……这些，都在他们虽然不乏和伙伴疯玩疯闹的表面现象下，促使他们的心理对于人际关系形成恐惧，而使他们的心理蒙上了厚厚的孤独阴影。他们很自卑。学校和功课似乎决定了他们终生的胜负，老师和家长以及其他成年人总是比他们更正确更权威，有时，这种自卑还转化成自高自大甚至自私。

美国《发现》杂志最近评出了21世纪威胁人类生存的20大危险，心理疾病也是其中之一，余者为：行星撞击地球、太阳风暴、邪教、洪水火山爆发、地球变暖、生态系统的破坏、生物技术灾难、战争、环境问题等，足见心理疾病之不可忽视。郑州的消息已证实了这一点。血的教训提醒我们：应采取更多的措施，防止类似的悲剧再现。

及时发现。据一位心理咨询工作者说，最令他们感到痛心的是，相当多的问题孩子是在有关问题已经十分严重时，才被送来咨询。这一方面表明我们的心理咨询机构工作展开尚未全面、普及，另一方面也反应了我们的家长只重学习成绩，缺乏对孩子心理健康教育的重视和科学手段。

从表面上看，孩子的问题是学业问题或由学业引起的相关的行为问题，但其中隐藏着的却往往是学校和家庭教育的误区。家长没有科学正确的家庭教育观念和方法，不注意孩子心理品质和素养的培养，造成孩子心理承受力差，受不起挫折失败；学习无动机或动机失当，使学习动力缺失或难以持久，即使一时不出现问题，但时间一长，必定漏洞百出。这时，如果小洞不补或小洞乱补，等小洞成为大洞难补时，后悔就来不及了。

有趣的是，在心理咨询的内容上，与家长把全部注意力放在孩子的学业之上不同，中小学生中主动求询学业问题的只占了相当少的一部分。他们大多问的是关于人际交往方面的问题。“好朋友吵完架，如何打破僵局，重归于好?”“交笔友是不是更安全些?”“喜欢上了班里的一个男生（或女生）怎么办?”“老师对我有偏见，我能改变老师的看法吗?”“怎样才能让爸爸妈妈多给我一点自主权?”等等，这些是学生们常提出的人际问题。这一方面暴露出了我们学校和家庭教育在这一领域的薄弱和匮乏，另一方面也反映了对学生们来说，人际问题的重要性并不亚于学业问题，甚至是他们心目中更为重要的一部分。

如今，教育界和一些报刊正在讨论是否要对中小学生进行性教育和如何进行性教育的问题，但愿专家们能早日拿出良方。不过，在此之前，还是应当先抓一抓中小学生的人际态度和人际能力的教育吧。有这样一个个案：

一位刚进高一女中学生突然有一段时间心神不宁，回家常与母亲说讨厌男同学，不愿与男生交往等。父母担心孩子心理有问题，特地带女儿从郊区赶到华东师大心理咨询中心求询。在一个多小时的询谈之后，这位女孩释然而归。原来她对初中班上的一位男生心有好感，进了高一后因班级工作的缘故，她与他有了较多的接触，女孩担心自己会陷入情网，影响学习。于是，整日忐忑不安，不敢与那个男生接近，进而发展到不敢与所有男生交往。但单纯的压抑又令她倍感苦闷，只好以“男孩子都不太好，不可接近”为由来说服自己。正是由于及时的心理咨询，交流探讨异性交往的观念和方法，使这位女孩一解心结，在增进人际交往能力的同时，重新专注于学业，更避免了诸如异性交往恐惧症、强迫症等心理障碍的发生。

像这样的由于父母有心理保健意识和知识，从而避免孩子心理问题恶化的例子不少，然而反面的例子似乎也相当多。这里就有一次失败的咨询经历：

一位17岁的职校女生，由于父母平时只重孩子的生活，忽视其心理变化，结果这孩子因交友不当，加入了不良团伙，从跳舞、在外过夜、辍学、出走，最后因卖淫被送劳教2年。这最后的剧变只不过在短短两三个月内完成，但整个蜕变过程却已有两三年的时间了。等粗心的家长发觉想依靠心理咨询师的介入进行干预和阻止事态恶化时，为时已晚。只得眼睁睁地看着一个花季少女经过最后的加速蜕变，成为悲剧的主角。伤心的母亲在经历了这番煎熬之后，憔悴心碎，逢人便唠叨："我真后悔，早注意就好了……"

"情商"教育。现在，国外一些公司招聘员工已开始注重"情商"，通过对个体情感商数的评价，考察其个性品质、情绪情感等非智力因素的情况。其实，我国的心理学界早就有关于非智力因素的研究。传统的智力测试，除了有助于早期鉴定高智商或弱智儿以保证他们接受相应的特殊教育外，对一般人意义不大。而靠有效的方式，优化孩子的非智力因素，改善和提高他们的"情商"，反倒是一条更有价值和意义的渠道。

然而，从心理保健和心理发展角度看，我们的学校教育和家庭教育是做得极其不够的。自我探索活动，自我意识的形成，心理承受力的培训，以及人际交往观念和技巧、能力的指导，这些与个体未来发展息息相关的方面，究竟有多少人重视了、又有多少人有的放矢地采取措施了？

一位心理医生主持过上海市青少年发展咨询中心历年的中学生心理训练营。1994年是首届冬令营，当时的营员们至今还给他写信，说那为期5天的短短训练令他们受益匪浅。当时有位胖胖的职校男生，他的家人送他来咨询，由于过度的宠爱和保护，他胆小脆弱，经不起挫折，人际关系很糟糕，社会成熟度很低，幼稚得像个初一初二的孩子。在作了一番心理咨询后，心理医生建议他加入心理训练冬令营。五天里，在同伴和主持人的不断激励和支持下，他发生了巨大的变化，他不再为别人说他胖而心生不满，他开始勇敢地与陌生人交往了，最后，他被所有的营员评为“进步最大的营员”。在营末总结会上，他主动发言说：“开始第一天，我真想逃回家去，可后来我坚持下来了，我有了很大的变化和进步，以后再有这样的活动，我还想参加……”

现代医学，已经把注意力从单纯的治病、防病转移到了强身健体之上；现代的心理健康学也早已从过去的治疗少数的心理疾患，预防心理障碍，转到了心理发展领域。现代人在利用心理咨询、心理治疗帮助自己保健之外，更应利用心理教育、心理训练等手段，积极地帮助自己改善心理素质，发展自己才干，挖掘自身潜能。

如果家长或教育工作者依然把自己的认识水平停留和局限在孩子出现了心理问题再作对策，无疑是走进了心理健康教育的误区。

其实，人的心灵更需要关怀。一个心智健全的人才有可能获得进一步发展，但是如果心灵残缺了，又怎能有所成就呢？也许他连成为一个普普通通的正常人都成问题。这一点，是所有教育者和家长需要谨记的！

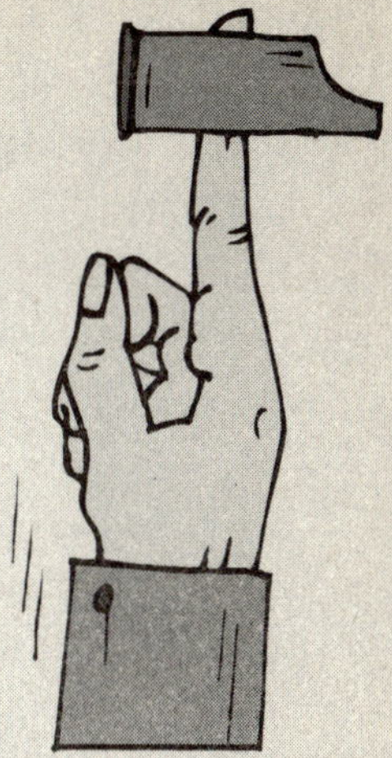

第⑥辑 | 坚持的原则 | NO.6

不以规矩，无以成方圆。

——孟子

你真的了解孩子吗?

父母提示

成长期的孩子，几乎天天都有变化，作为父母，要想真正了解你的孩子，就必须同孩子交朋友，平等地交流，真诚的沟通。

我们知道，每个孩子的性格各不相同，有的生性内向、害羞，有的则很外露，有的胆小，还有的似乎天不怕地不怕……作为父母，对于孩子除去给予各方面的照顾和关怀外，还要注意认真观察，以便准确的了解自己的孩子。

不同的家庭有不同的教育方式。有的家长希望孩子进步快，老说孩子慢；希望孩子细心，老说孩子粗心；希望孩子胆大，老说孩子胆小；希望孩子聪明，老说孩子笨……他们总是习惯地认为：优点不说少不了，缺点不说不得了。而常识教育观点正好相反：优点不说不得了，缺点少说逐渐少。孩子如果很少被父母肯定，那么自信心有被逐渐摧毁的可能。

对不同性格的孩子，我们需要给予不同的关怀教育。可有时父母却不是很了解自己的孩子，在理解上也不十分准确，造成孩子不能很默契地领会父母所给予的暗示和判断。比如，对于犯了错误的孩子，该用哪种教育方式呢?怎样才能让孩子彻底明白他的错误呢?

很多家长自以为很了解自己的孩子，其实却不然。有时父母宁愿花时间去和别人诉苦，诉说孩子怎么不听话、不随愿，却不愿和孩子进行交流和沟通。尤其在我国，家长一般很少向孩子透露自己的内心世界，只习惯于做道貌岸然的训导。可反过来却要求孩子向自己袒露一切。这种不平等的要求，当然不可能取得很好的效果。

孩子们到了一定年龄便不愿向父母吐露心事，而去和同龄人交流想法。同龄人的经历有限，经验往往肤浅，思想也不成熟，孩子们虽在一起有过更深的交流，但大家都被同样的问题困扰，相对来说得不到提高。那么，是什么原因使父母失去了对孩子进行交流、引导的机会呢？

当父母对孩子讲话时，孩子们常常发现从语调中得到的比在话语中得到的信息要多。通常我们跟孩子谈话是不尊重他们的，总是以一种居高临下教训的口气，或以哄人的、引诱的口气来赢得他们的合作，孩子即使合作也是被“引诱”而不是发自内心的。如果我们以平等的，像是与朋友谈话的口气，和他们交谈而不是对他们训话，多数情况下，总能顺利地与他们交流思想。

可父母总是向孩子讲道理，虽然有时是很友好的，但孩子不一定听这种道理。青少年与父母之间最大的障碍是没有交流，问题是从孩子的幼年期开始的。有很多父母从不和幼儿期的孩子进行交流，他们企盼孩子事事听自己的，处处要求他们做什么，而不是让孩子明白为什么那样做。好像他们是一块很软的橡皮泥，可以任我们去“捏”。从孩子的观点来看，这就是专制。这并不意味着我们不能影响和引导他们，而是意味着我们不能强迫塑造他们。孩子的不听话、反抗，有时就来自于这种对专制的对抗，并不是你说的没道理，或者他没有听懂你的道理。

比如，一位中学生在书房里做功课时不时传来疲惫的声调:“妈妈，现在几点了?”妈妈为此很生气，认为孩子不专心读书。其实这孩子在小学期间一直很优秀，不仅反应灵敏、成绩优秀，而且还拉得一手好提琴，写得一手好字，一向受到老师赞誉，是班上极为活跃的一分子。可上了中学后，显然不像小学时代那么活跃。好动，几乎很少外出，成绩也没有父母预期中的理想。

"该不是中学课程压力大，没有补习的缘故吧？"妈妈担忧地猜测着，并私下为孩子聘请了一位家庭教师。然而家庭教师的指导，也没让孩子的成绩有何起色，反而让他为了应付补习和学校作业而更显得力不从心，常对着书本发呆、叹息。妈妈实在不明白，孩子既没有结交什么坏朋友，也没有受到巨大的打击，为什么会变得和从前判若两人呢？

事实上，孩子在进入初中时，因为担心课程重，怕学琴耽误学习时间，就主动放弃了。小学时的优异表现，使他对自己有了一份要求与期许，这种自我期许，已经对精神造成一股压力，久而久之造成心理上的怠倦感，心态上感到疲乏。这时妈妈却不会与孩子沟通，完全不了解孩子的内心感受，只按照自己主观的猜测，一味监督孩子读书，使他的精神状况愈加恶化。

身为父母，日常生活中与孩子的接触较多，我们要注意观察孩子的变化，及时发现他们心中的秘密。如果明知孩子有了一种想法，既不去交流谈论，也不去关心过问，那么假如孩子一开始的想法就有缺陷，他有缺陷的想法就会在头脑中留存很久。就像上面那位孩子，以为学琴会落下功课，如果妈妈给孩子阐述自己思想的机会，一定能及时加以引导，让孩子明白依照自己的个性发展不仅不会影响学习，反而更能增强信心的道理，就会是另外一种结果了。

要正确引导孩子，首先应对他们有细致的观察，了解他们的行为目的、情感愿望。我们如果发现孩子想什么，就对他们有了更深的了解，可如果总是批评他们、教训他们、告诫他们，挑他们的毛病，他们就会怕丢面子和不舒服而加深苦恼，认为父母讨厌自己，从而和父母拉开距离，慢慢地关闭了交流的大门。难怪有位父亲抱怨："我们也没有对孩子过高要求，也没有施加压力，可为什么就是谈不拢呢？"

而更为糟糕的是，我们的父母很少向孩子敞露心扉。比如当孩子问："爸爸你什么不高兴呀？是不是工作上有了麻烦？"可我们通常一语搪塞说“没什么，很好。”或“不关你的事，去玩你的吧。”从而就很随便地将孩子对你的关心推开，他们所得到的信息便是“父母如何不关我的事”，同时也觉得不被尊重和信赖。

在美国，孩子对父母的情况都很了解，尤其对他们的事业、工作很感兴趣，喜欢发表不同意见。现在也很流行将孩子带到自己的办公室去参观，从而增进孩子对父母的了解。这容易让孩子产生一种公平的感觉，因而也喜欢将自己的心向父母敞开，作进一步的沟通交流。在互相平等的前提下，每个人才愿意重新衡量自己的观点和想法。如果我们想正确地引导孩子成长，必须在互相尊重、平等的基础上，加深相互了解，倾听孩子的看法与愿望，调度好他们的内心世界。我们应该懂得，真正了解你的孩子，已经完成了做好父母的一半工作。

当然了，大人们永远有忙不完的事，可这并不是妨碍你与孩子交流的理由，因为没有什么东西比孩子更重要。让我们共同欣赏这样一个故事。

一位爸爸下班回到家很晚了，很累并有点烦，发现他5岁的儿子靠在门旁等他。“我可以问你一个问题吗?”

“什么问题?”

“爸，你1小时可以赚多少钱?”

“这与你无关，你为什么问这个问题?”父亲生气地说。

“我只是想知道，请告诉我，你1小时赚多少钱?”小孩哀求。

“假如你一定要知道的话，我1小时赚20美金。”

“喔，”小孩低下了头，接着又说，“爸，可以借我10美金吗?”

父亲发怒了:“如果你问这问题只是要借钱去买毫无意义的玩具的话，给我回到你的房间并上床。好好想想为什么你会那么自私。我每天长时间辛苦工作着，没时间和你玩小孩子的游戏。”

小孩安静地回自己房间并关上门。

父亲坐下来还生气。约1小时后，他平静下来了，开始想着他可能对孩子太凶了——或许孩子真的很想买什么东西，再说他平时很少要过钱。

父亲走进小孩的房:“你睡了吗，孩子?”“爸，还没，我还醒着。”小孩回答。

“我刚刚可能对你太凶了，”父亲说,“我将今天的气都爆发出来了——这是你要的10美金。”

“爸，谢谢你。”小孩欢叫着从枕头下拿出一些被弄皱的钞票，慢慢地数着。

“为什么你已经有钱了还要?”父亲生气地说。

“因为这之前不够，但我现在足够了。”小孩回答,“爸，我现在有20块钱了，我可以向你买1个小时的时间吗?明天请早一点回家——我想和你一起吃晚餐。”

“第三教室”

父母提示

时代和科技的发展，给所有的教育工作者和家长都提出了新的课题。

因为父母是孩子的第一任老师，有人将家庭形象的比喻为“第一教室”，并把学校称作“第二教室”，这里是他们接受知识和教育的主阵地。

但随着电视、网络等传媒的普及，孩子通过与之接触，从生活作息时间到价值体系以及人格的形成，都受到极大的影响。因此，影视媒介和随后出现的互联网等，便成为孩子生活与学习的“第三教室”。

现代传媒极大地丰富了人们的精神和文化生活，同时，也给儿童带来了不可忽视的消极影响和负面作用。比如，家长和学校教育孩子应富于爱心，告诉他们暴力是恶的，可在影视世界里，暴力行为往往成为赞美的对象，成为力量和英雄的象征。

同时，武侠剧跌宕起伏的故事情节，对孩子极具诱惑力，很能满足他们的好奇心。所谓行侠仗义的“侠客”也能迎合孩子简单的是非标准。于是，以强身健体为宗旨的武学之道，却成为他们扶弱除强、伸张正义的个人英雄主义的理论依据，从而在很大程度上偏离了正常的道德标准。

从这种意义上来说，这正是动作片大行其道的群众基础。即便是广大父母，在工作之余，也热衷于这类成人童话式的功夫片。对于放学后一到家里就扔掉书包坐到电视前观看此类节目的孩子，很多父母都不会制止，甚至还会跟孩子在一起津津乐道，言谈中少不了一招两式，宛然高手切磋武艺。

目前，学校里出现一族不愿做好学生，偏想做“大哥大”、“大姐大”的孩子，他们认为当班长、当学习尖子远没有当“老大”威风。据某报报道，一名年仅16岁的女中学生露露，听说有个低年级的同学骂她，就叫来几个朋友，将那个女孩暴打一顿；另一名18岁的女生燕子则参与5起抢劫，抢钱近5000元；更甚者，北京某学校几位男生竟策划绑架了自己的同学，打电话向他的家人索要赎金，并准备拿到钱后就撕票。其作案手法之成熟，心态之狠，与黑社会团伙无异。幸得公安人员成功破获，这才救出被他们囚于北京青塔小区的孩子。

这些孩子的共同之处，就是喜爱舞拳弄腿，爱看描写太保、阿飞生活的“蛊惑仔”系列影视剧，一味模仿剧中人物的行为举止，最终走上犯罪道路。目前充斥于音像市场的港台黑社会题材的影视剧已经成为青少年犯罪的又一诱因。

这些孩子之所以选择打架的方式来解决问题，是因为他们看到电视、录像里都是这样，挺牛气的，比单调乏味的课文和家长的说教有趣得多。那些大哥、小弟动不动就挥刀舞剑相向，或用拳头自己解决问题，这在他们眼里都属于英雄行径。

另外，家长和老师告诫孩子不要浪费金钱，学会勤俭节约，可“第三教室”铺天盖地的广告却在鼓励消费，那些独到的广告词具有很强的穿透力和杀伤力，似乎摸透了孩子的心思。广告画面也充满刺激和娱乐，是孩子喜闻乐见的形式。对比成人，孩子更容易相信广告，名牌效应更能左右他们的消费心理。而且，花钱本身也能带给他们一种满足感，购买的商品也不能长期满意，这无疑助长了他们乱花钱的习惯。

在电视剧《还珠格格》热播期间，商家看准了时机，从食品、饮料、玩具到文化用品生活用品以及服装鞋帽，通通借助“小燕子”、“紫薇”、“五阿哥”、“福尔康”等形象，大发了一笔财。一部《水浒传》，在“该出手时就出手”的吼声中，也沾了不少108将的光。即使幼儿园的孩子，玩起那些画片来，也能如数家珍。

据说在日本，从事“援助交际”的女学生，年龄小的还有十三四岁的初中生。她们一次以数万日元的报酬与成年男性约会、从事性行为，并非因生活所迫，她们大多出自好奇或自愿，用“赚”到的钱购买巴黎高级名牌化妆品和服装，由此而靠近毒品和艾滋病。这等悲剧也是受电视等色情文化的传媒影响所致。

研究结果表明，有关于性的刺激会令孩子早熟。现在的孩子较之以往，无论性生理还是性心理，发育都有所提前，可他们的性道德观、法制观以及性的自控力还处于相当薄弱的阶段，当外界的刺激加强时，青春期的少年对异性的敏感常令他们难于抵御诱惑。

常有十几岁的少年偶然看见了幼女的生殖器，便顿生淫欲，不可抑制地犯了罪；也常有十几岁的少女在与男性接近时因嗅到对方身上浓烈的气息而立即周身战栗、头脑昏昏，很轻易被诱失身。因此，不健康的电影、电视节目、录像、黄色小说都容易使少年受到性刺激，导致发生违法性行为。

也有一些少年，对于性的态度异乎寻常的老道成熟，甚至甚于成年人。即便是女孩子，在提到性器官时，丝毫没有羞涩状。可如今，少男少女间的性行为愈演愈烈，而且逐步低龄化。以至于大学生无不痛心地戏言：要想找一个处女，只好去幼儿园了！

面对来自于“第三教室”过剩的性信息，父母理应担负起责任，应坚决制止孩子接触到这方面的刺激，并从心理上乃至人生观上来引导他们。当然，也不能过分地干涉孩子的权利，视影视为洪水猛兽，一棍子打死。而是让他们真正明白媒介的负面作用，认识到性病、艾滋病的危害性和有关常识，让他们走上健康的、积极上进的求知之路，自然就会抵制不良因素的干扰。

最后，我们还有必要加以监督孩子对于高科技游戏机以及电脑的运用。

现在，使用电脑的家庭已经很普遍，街头“地上地下”的网吧也无处不在。一般来说，电脑对于儿童除却基本技能的掌握与运用，别的意义不算太大。由于一些父母自身缺乏相关的知识，因此很难加以督促。许多色情网站无异于无边的陷阱，进入有些聊天室神聊瞎侃，也常会遇到低俗淫乱之徒。对此父母应有效地加以阻止。

那些不健康的电子游戏，显然有更大的害处，沉湎于其中，不仅耽误了宝贵的时间，如果是赌博性质的，则有可能带来更大的害处。山东某大学的一个男生，因赌面负债累累，不能自拔，在赌进去最后一笔钱之后，觉得无颜以对家人和恋人，留下一纸遗言，匆匆地为生命画上句号。

不需更多的例子，现实已经很严酷地摆在我们面前：如何让传媒等“第三教室”对孩子起到积极正面的作用，是整个社会和所有父母的新课题。

付出与回报

父母提示

我们每个父母都为孩子付出了很多，表面上看这些付出都是无条件的，不需要回报的，但其实很多父母心目中都要一个潜在的回报目标：要孩子成为自己希望的那种人。是否应该说，我们的付出只是保障孩子成为一个健康有用的人，有能力去过一种他自认为幸福的生活，尽管也许他的幸福标准与你不同。

一个人从呱呱坠地的婴儿到长大成人的过程中，父母到底付出多少爱心和辛苦，是无法计算的。

对于许多父母而言，孩子似乎成为他们对未来的唯一希望，至少孩子延续了他们的血脉，成为他们另一种形式的自我，在这种血脉相承的联系中永生。正因为如此，才使得这些父母尽自己最大的努力来培育孩子，默默地奉献而从无怨言。看起来这似乎是世上最伟大最无私的壮举。而事实上，他们的付出是要求有回报的，尽管这种回报不是直接体现在物质要求上，往往以孩子自身的发展为转移。可他对孩子殷切的希望，以及认为只有孩子有出息才不辜负自己一片苦心的想法，却充分表明这是极端的自私。

人的本能是渴望安乐、渴望轻松的，没有人天生喜欢辛劳。可只有付出才有回报却是无可辩驳的真理。但是，在育儿的过程，并不是所有的付出都能按照父母的主观意愿那样得到相应的回报，有时却正好相反，违背了他们最初的、最美好的愿望。这是为什么呢?

原来，正是因为许多父母以“付出太多”为借口，以为可以天经地义地控制孩子的某些行为，从而背离了教育的原则。他们常会以一种命令式的语气对孩子讲话，却不考虑孩子能否接受。例如，当母亲想说服孩子时，往往说“小孩子就要听妈妈的话!”，那意思是说我做了这么多年母亲，哺育你这么多年，你听我的话是应该的。

如果一位父亲发现自己的儿子抽烟，也一定会怒斥“谁让你抽烟!”的明令禁止。尽管孩子可能会摄于父亲的威严而服从，可心里没准会想“你能吸，为什么我不能呢?”对于爸爸来说，吸烟尽管危害健康，可因为一生为孩子操劳，抽烟解闷是理所当然的。而对于孩子来说，吸烟对其发育成长极其有害，孩子可能因为好奇，偶尔模仿一下成人的举动。这样一味以“孩子不可以怎样”来强求，只能让孩子感到成人的虚伪：既然吸烟有害健康，可为什么你要抽呢?为什么社会上有那么多烟呢?

在这里，父亲没有抱着解决问题的民主态度，也没有站在理解孩子、体验孩子感受的立场上说话，尽管你想让孩子规避危害，却已经危害了他们的心理。

时常有父母苦恼地抱怨：管教孩子、指导孩子真是一个苦差使。有些事明明你是正确的，而且也是为了孩子们好，可他们就是不理解不领情，因此就只好伤心地对孩子说“看你现在的样子，你知不知道父母是为你怎样操劳的?”可能孩子不是故意不争气，故意要做一个坏孩子，只是力有不逮，一时无法达到父母的美好期望而已。而这样的话，却会让孩子内心受到打击，表现出气馁以至害怕，思想上担负起沉重的压力。

在北京，曾有这么一位高中生，因为考试成绩不理想，不敢让父母知道，内心非常痛苦。后来她借助于晚报，给父母发了一封信：

亲爱的爸爸妈妈：

对不起，我昨天欺骗了您，其实有几门功课的分数我已知道，今天又知道了物理和地理分数，课上我忍不住哭了，因为这极少的分数使我不知道如何向您说，难道说："妈，对不起！我这一次又没考好……"这句话，自从上了高中后就不知被反反复复地说了多少遍。看着这么差的成绩，我真的无奈了，但心里却是异常的难过与懊恼。

早上，我看着您一步一步地离去，那背影使我想起了《背影》这篇文章，不由得鼻子一阵一阵地酸。回想起来，妈妈、爸爸其实都是为了我好，说我骂我也是因为我学业无成，您们是恨铁不成钢啊，可是我却一直天天泡日子……

爸爸、妈妈，这分数你们早晚都会知道，你们一定会非常的生气，但是我希望你们不要放弃我，因为这一次我真的醒悟了，知道自己错了，请你们再给我一次机会吧！

很显然，父母的付出与希望给了这位孩子以威压，使她一直处于自责之中，因此影响了成绩，甚至失去直面挫折的勇气。

不可否认，所有的父母都是为了孩子而饱尝了辛苦，但是如果这种辛苦的最终结果如果是破坏亲子关系、放弃掉孩子，那还有什么意义呢?一般来说，许多事孩子都会想着去做好，而不是主动放弃，父母应当去找问题发生的真正原因，而不是一味责怪孩子，否则只会将他们逼入深渊，最后令孩子感到自卑，甚至自暴自弃。

有些父母还会有另一种想法，在他们心甘情愿地为孩子自我牺牲、默默付出的同时，对自己已不抱什么希望，认为自己的人生已经定论，这一辈子无论怎么过都行，可孩子则一定要成功。这样的父母在人格上是不健全的，强调自己的能力有限，放弃进取和希望，低头服输认命的消极心态，则会影响到孩子的自信，给孩子的心理造成一种不愉快、不安全的感觉，让人以为父母可以放弃努力，但孩子却不行，孩子必须努力来承担一切，产生一种被逼迫被利用的感觉。

希腊神话里曾有这么一个故事：西西弗斯每天从早到晚把石头从山脚推到山顶，然后石头又会从山顶滚下去，西西弗斯就不停地把石头推上去，不敢稍作停留，因为稍作停留宙斯就会惩罚他。西西弗斯的悲哀就在于周而复始地做着同样的事，每一天的生活都是一样。

对于父母来说，养儿育女似乎每天也要做相同的事情，总有操不完的心做不完的家务，并由此而深感劳累和不满。为了减轻自身的负担和责任，有些父母往往会说"今后就靠你了"之类的话，意思就是宣布放弃做父母的责任，只想以后依赖孩子。

哺育子女，本就是父母们应尽的责任，而不能视为一种负担，每位父母都应该把这个重担勇敢地挑起来，而不能因为付出太多就可以找借口，要求孩子按自己的标准做得尽善尽美。作为父母，一生一世都是孩子的典范，只有不断地努力、学习、摸索，才能教好孩子怎样做人。

我们有自己的生活，孩子终将也会有独立的属于他们自己的生活，我们所做的一切一切，只是为了培养他们创造发现、面对现实、健康地工作和生活，而不能强加给他们任何标准。如果带上我们给他们打造的枷锁，他们怎么可能真正快乐呢？

奖励与惩罚

父母提示

奖与罚都是许多父母的惯用手法，其实这些做法的副作用是很大的。

教育专家克劳蒂娅认为：从小到大，我们大多数人生活在有连续性的家庭中，对孩子的教育方法会受到上一代的极大影响，往往将父母用于我们身上的一套纹丝不动地用在我们的孩子身上，奖惩便是一项传统的工具。所以许多家长把惩罚和奖赏当成他们约束孩子的法宝。

比如，妈妈想让女儿安静呆一会，因为她要给朋友打电话。“静一点，别说话，我一会儿给你买冰淇淋。”这种奖励方法用起来得心应手，不需费脑筋，费口舌，当时又十分有效。妈妈用奖励来刺激孩子与她合作，其实孩子并不需要贿赂，不需要用这种交换的方式使自己转变成一个好孩子，从本性上他们自己是要做好孩子的。孩子的好行为应产生于他们自己的意愿，对家庭的归属感，与父母合作，做有用的贡献。应使孩子感到愉快，因为他看到自己的行动对家庭的意义，看到自己的能力能为人所欣赏，因此而带来自豪感。

当我们为让孩子与我们合作就贿赂他们，表面上一次两次，家长有可能因此达到目的，但这会产生其他后遗症，而且破坏了孩子良好的本性与愿望。这里还有一个严重的问题，通过贿赂孩子去达到目的，我们告诉孩子，他们是不值得信任的，我们并没有从根本上认为他们从本质上愿意合作，是好孩子，认为只有在奖励的刺激下，才会表现出合作的态度，这样就打击了他们的自信心，而不是鼓励了他们。

从奖励的效果考虑，它的有效性也是很值得怀疑的。奖励可能表示父母一时的赞赏，但下次呢?孩子们自然会想到“爸爸妈妈下次还会奖励我吗?我还能有奖励吗?是否会奖得更多呢?”我们马上就会认识到没有任何奖励可以使孩子们永远心满意足。如果家长忽视了一次奖励，孩子们会认为他们浪费了他们的努力。如果没有奖励，孩子会拒绝合作，我们将面临很大难题，往往我们没有意识到见利忘义这种卑劣的人品往往由此产生。

如果我们用物质来奖励孩子们，就阻止了他们从贡献和参与中得到精神上的满足，将他们的注意力转移到物质的享受，当我们努力去用奖励来赢得孩子的合作时，孩子真正的合作精神以及助人为乐的责任心正消失殆尽。这是很可怕的事情。

在学习上，也是一样，有的父母规定孩子有什么样的成绩给以什么样的物质奖励，其本意可能是要鼓励孩子对学习的积极性和兴趣，却错误地让孩子认为学习的目的就是如此。曾有位父亲对儿子说如果考取100分，就奖100元，结果儿子考60分，就要求父亲“只给60元吧”这似乎是一个笑话，却证实了物质奖励的负面作用。

每一位父母，都不会希望自己的孩子在奖励的诱惑下成长，而是希望他们变成一个懂得努力、有责任心、独立的孩子，能够在一个没有希望自己所做的所有小事情都得到奖励的真实的世界中正常地工作、学习。没有人希望自己的孩子成为马戏团里的驯兽，为得到食物而表演，而是要鼓励孩子为自己的行为负责。

父母在要求孩子做某事时，最先要考虑的是让孩子从心里明白为什么要这样做，然后他们才心甘情愿。假如孩子并没有从心里懂得父母要求他们的意图，方法就不能适得其所。

从孩子的本质来讲，他们愿意学习也愿意帮父母干事，因为这样做证明他们有能力。父母应该和蔼地告诉自己的孩子，对他们为父母做的每一件事，他们自己的每一个进步，父母都表示关注，认为孩子已经长大了，这会使孩子很高兴，会更积极地进行配合。

当孩子们认为你懂得他们的想法时，要赢得他们的合作变得容易得多，一旦他们感到被理解，便会愿意听取你的意见，共同找到解决问题的方法。

另外，在孩子做错了事或不听话的时候，父母该怎么办呢?很多人都会选择严厉的惩罚，对孩子使用过分的权力。用惩罚来显示你的权力，来把自己的意志强加在孩子的头上，只能使孩子幼小的心灵里感到厌恶，产生反抗、蔑视的心理。

孩子只有在自发或自觉的情况下，才能真正地成为原则的遵守者，纪律约束这一管束方式建立在相互尊重及合作的基础上，培养孩子的自律与责任心，过于严厉的控制和惩罚使家长成为对孩子行为的责任载体。这一方式不能使儿童认识到他们应为自己的行为负责。对此，父母一个通常的错误理解便是认为儿童只有在遭受挫折后，才能接受教训。确实，犯错误带来的挫折会使孩子们改正错误，但要警惕的是所经受的是怎样的挫折，得到的利益又是什么?会不会使孩子们在改正错误的同时，却养成害怕承担风险的心理，或者他们可遭遇的后果包括谴责、惭愧和痛苦，致使他们逐渐丧失对自己的自信心?

对年龄大一点的孩子，我们更不能用惩罚使他们来按我们的意愿办事。孩子们在学校已学到些民主思想，民主就意味着平等，孩子和家长一样有平等的社会地位。今天的孩子宁愿承受任何惩罚，而决不放弃他们已经尝到甜头的权利。家长希望用惩罚达到教育孩子的效果，以便使他们的说教更有说服力，形象更具权威，使孩子们对他们言听计从。实际上我们都应该认识到这个法宝不灵了。

惩罚应被相互尊重和合作来代替。即使孩子与我们有同等的社会地位，但他们毕竟是没有经验、不成熟的。他们需要我们的领导、我们的指引。如果他们知道我们尊重他们，他们会愿意接受我们的领导和指导的。孩子年龄虽小，但他们的心理是健全的，他们一天天长大，只不过他们需要更具说服力的理论，而不是所谓权威性的压制和惩罚。我们需要学习和掌握使用更有效的方法来鼓励孩子们朝着正确的方向发展。即使非惩罚不可，也要学会适时地运用，而不是滥用。

同时我们也必须学会把约束与惩罚区分开来。惩罚主要针对孩子本身，而约束着重于有效地改正孩子的行为。约束孩子是通过给孩子讲清道理，设定行为界限并与以实施来教育孩子每个人的行为都受到一定的行为规范的限制，不可以忽略其他人的利益而为所欲为。约束的意义是深远的。

有时我们发现孩子使我们越来越气直到非惩罚他们不可。他们所有的行为确实促使我们想揍他们。这些挑衅的行为就是他们的目的，他们想以此来证实自己有能力激发家长进入权利竞争，当我们真的生气了，而且不得不去惩罚他们时，就中了他们的计策，帮助孩子达到了他们的报复目的。孩子在内心里会说，你虽然把我打疼了，但是你生气了，我感到满足。

我们自身存在着某些只有孩子才能感觉到的弱点，惩罚孩子可能让我们事后会有负罪感。不过只要感到负罪，我们便不是太坏的父母。

孩子的错误

父母提示

孩子们会经常犯各种各样的错误，而对这些错误，不同的家长会有不同的处理方式，我们来看一些不同的例子。

因为孩子在生理、心理上还不成熟，故而他们无疑是最容易犯错误的人。无一例外，父母都不愿意看到这一点，他们总希望自己的孩子能正常地发展。因此，当孩子犯错时，父母往往会很紧张，要么大声训斥，要么动用自己的权力加以惩罚，以期孩子能尽快改正。

应该说这种出发点是好的，可是，这种态度却要不得。“人非圣贤，孰能无过?”又何况一个孩子呢?很多时候，父母们都忽略了这一点，他们把孩子看成应该像大人一样懂事。我们还是先看一位美国父亲的悔悟吧：

孩子，我深深悔悟，以前我待你太凶狠了！你晨起洗脸晚了，挨我一顿恶骂；你皮鞋忘了擦净，受我一阵痛斥；你随地乱丢东西，我就暴跳如雷。吃早点时，我怪你打翻杯子，怪你吃得太急，怪你不该把手肘搁上桌沿，怪你在面包上涂了过多的牛油。

下午我回来，一切情形仍是如此。我在路上碰见你正在与小朋友们伏在地上玩石子，我就当面把你训斥一顿，扯你回家。我教训你说：“你看你把袜子都弄破了，你知道它们是你爸爸用血汗换来的吗?”

以后我走到书房去读报，你就跟进来，你那种怯弱可怜的样儿！我一看见你，就又怒声喝道："你进来干什么?" 可是你没有回答我，却突然奔到我的跟前，两手绕住我的脖子，疯狂一般地吻我。我猛然感到一种不可磨灭的爱！我看见你后来放开手走了，但是我自己呢?一种茫然失措的心境占据了我，手中的报纸已不知何时滑落。

我想起来了，以往我做了些什么?我一直把你看作像我一样的大人。我要求你应该和我一样懂事，但却忽略了你的年龄，你还是一个小孩子哩！我整天用斥责、厌恨、吹毛求疵来对付像你这样的小孩子！

我想起来了！你是多么天真而又光明哟！这一切在你吻我并道晚安时完全表现出来了。现在窗外夜色茫茫，我已悄悄地在你床前跪下忏悔，我知道这一番话即使你醒着时告诉你，你也不会懂得，可是现在我已下了决心：从明天起决不再向你恶气粗声地斥骂了，我要做你的好爸爸，好朋友；我要跟着你笑，跟着你愁；我要永远记住一句话：你还是一个天真的小孩子。

我们无法考证这位父亲能否言行一致，但有一点是值得欣喜的：那就是在对待孩子犯错误的态度上，他已经有了理性的认识。当孩子犯错时，最为重要的是家长要有宽容与理解的心态，并努力创造让孩子改正错误的机会。而不能一味地说教、训斥甚至是打骂，应该设身处地地为孩子着想，以真诚和平等的朋友式的关系，来理解、疏导和纠正，让孩子从内心深处认识到所犯的错误，从而乐意接受批评。

严厉的管束与惩罚可能在短期内起到一定的效果，孩子因为惧怕家长的强权而停止错误行为，但长期效果往往有害于孩子的成长。孩子只有在自发或自觉的情况下，才能真正地成为原则的遵守者，才能产生自律与责任心。尤其对于大一点的孩子，他们已经明白"民主"与"权利"的涵义，正在生活上、人格上要求独立，过分的惩罚往往只能得到他们的反抗。即使是一位儿童，也会产生这种心理。

一位4岁的孩子把饭菜洒了一桌，还故意用手把桌子抹得一团糟。

他这样做被妈妈发现过好几次，每次妈妈都很生气地揍了他的屁股。妈妈总是大声呵斥道:“我告诉你多少次了，不要这样，你就是不听，打你多少次了，还不改，你还想让妈妈打你，打得更厉害吗?”第二次，孩子还是把饭菜倒在桌子上。

孩子挨了多次打，可还是不改，并非他不明白妈妈为什么打他，他仅仅以此向妈妈示威。孩子年龄虽小，但心理是健全的，他们虽然不成熟，不能明辨是非，但他们需要的是引导和尊重。

大卫——我的隔壁邻居——有两个小孩，一个5岁，一个7岁。有一天他正在教他7岁的孩子凯利怎样使用瓦斯驱动的割草机割草。当他正教他如何在尽头将割草机掉头时，他的妻子叫他去问事情。当大卫转身回答问题时，凯利把割草机推到草坪边的花圃上——所过之处，大约2尺宽的一条痕迹已被夷为平地!

大卫回头发现发生的事之后，他开始失控了。大卫花了一大把时间费力地侍弄那些令邻居们羡慕的花圃。当他开始对儿子提高音量后，妻子很快地走到他身边，把手放在他的肩膀上，说:“大卫，请记住——我们在养小孩，不是在养花!”

大卫的妻子也提醒了我，为人父母必须明了孰重孰轻。孩子以及他们的自尊比他所破坏的任何物质上的东西还要重要。被棒球砸碎的窗户、被孩子不小心碰倒的灯及掉在厨房里的碟子都已经破了，花也已经死了。我必须记得不要打破一个孩子的心灵，让他们充满活力的感觉变得麻木，再增添更大的损失。

……

几个礼拜以前，我买了一件运动外套，并和店主马克·麦克斯讨论为人父母的问题。他告诉我，当他和他的妻子以及7岁大的女儿出外晚餐时，他的女儿打翻了水杯。这对父母在水渍擦干净后并没有责备女儿。她抬头看着他们说:“你们知道，我真的很感谢你们不像别的父母一样。我大部分朋友的父母会对他们咆哮并且教训他们要更小心一点。谢谢你们没有那样做!”

有一次，我和一些朋友共进晚餐，相似的事件发生了。他们5岁的儿子弄翻了桌子的牛奶杯。当他们开始责备他时，我也故意弄翻我的杯子。当我开始解释我在48岁还会弄翻东西时，男孩开始微笑了，而他的双亲似乎也明白了我的意思，不再生气。我们多么容易忘记我们仍然在学习啊!

……

最近我听到一个有关史蒂芬·葛雷的故事。他是个曾经取得过重要医学成就的科学家。有个报社记者采访他，为什么他会比一般人更有创造力，是什么因素让他超乎凡人?他回答，在他看来，这都与他小时他母亲给他的经验有关。有一次他尝试着从冰箱里拿一瓶牛奶，他失手把瓶子掉在地上，牛奶溅得满地都是——像一片牛奶海洋一样!

他的母亲到厨房来，并没有对他大呼小叫、教训他或惩罚他，她说:“哇，你制造的混乱还真棒!我几乎没看过这么大的奶水坑。反正损害已经造成了，在我们清理它以前你要不要在牛奶中玩几分钟?”

他的确这么做了。几分钟后，他的母亲说:“你知道，每次当你制造这样的混乱时，最好你还是得把它清理干净，让物归原处。所以，你想这么做吗?我们可以用一块海绵、一条毛巾或一只拖把。你喜欢哪一种?”他选了海绵，于是他们一起清理打翻了的牛奶。

他的母亲又说:“你知道，我们在如何有效地用两只小手拿大牛奶瓶上已经做了个失败的实验。让我们到后院去，把瓶子装满水，看看你是否可以拿得动它。”小男孩学到了，如果他用双手抓住瓶子上端接近瓶嘴的地方，他就可以拿住它不会掉。这堂课真棒!这个知名的科学家说，那一刻他知道他不需要害怕错误。除此以外，他还学到，错误只是学习新东西的机会，科学实验也是如此。即使实验失败，我们还是会从中学到有价值的东西。

如果每个人的父母都跟他母亲的反应一样，那不是很好吗？

……

几年前，保罗·罗威曾经在收音机上说过一个在成人关系上也适用的故事。

有个年轻女人下班后开车回家发生了碰撞，撞坏了挡泥板。她在说明那辆车是出厂才几天的新车时边说边掉泪。她回家怎么向丈夫解释呢？

另一辆车的驾驶员充满同情心，但他也表示他们必须记下彼此的驾驶执照和车牌号码。当这年轻女人从大大的棕色信封中取出文件时，有张纸条掉了出来。上面，男人的笔迹写着："如果出了事……记住，亲爱的，我爱的是你，不是车！"

……

且让我们记住，孩子的心灵比任何物质还要重要。当我们这么记住，自尊和爱的花朵就会开得比花圃中的任何花更美丽！

什么样的物质损失可以同给你所爱的人造成的伤害相提并论呢？

出卖原则

父母提示

"一哭二闹三上吊"，是许多女同胞的看家本领。可是，你知道吗，孩子们也知道用什么方法去满足自己的无理要求，他们的方法也是简单而有效的。

在一个家庭里，父母和孩子发生某种冲突在所难免。当孩子提出无理的要求或做出危险的举动时父母必须学会怎样去制止。然而，我们的父母不是过于宽容，就是过于严厉。前者如同放纵，后者则容易造成冲突。

如果对孩子提出的各种要求都做出让步，应该是避免孩子吵闹、纠缠的有效途径。但长此下去，会使孩子养成要了再要、毫不知足的不良习惯，孩子每逢自己喜欢的东西或事情，就会要求家长满足自己，没有一个尽头。

比如，在一家鞋店里，一位妈妈一手抱着她的小男孩，一手拉着她8岁的女儿，这位妈妈正忙着给她的小男孩挑选鞋子时，她的小女儿发现了一双非常漂亮的舞鞋，便走到妈妈身边，要妈妈给她买下这双鞋。她首先提出要求，见妈妈不大理睬，便开始哼哼唧唧地诉说、甜言蜜语地请求、用虚假诺言劝诱、用尖声叫喊来逼迫……她所能够想出的各种招数，这个时候都一一使了出来。她见这些招数均不奏效，便不再做任何掩饰，厉声对妈妈说道:"我今天就想要这双鞋，你必须给我买下来。"

这位忙着为自己的小儿子挑选鞋子的妈妈，一直忍耐了大约10分钟，一遍又一遍温和地对自己的女儿说不。最后，这位妈妈实在忍不下去了，便在女儿面前，也是在鞋店里的众人面前，屈服了，为女儿买下了那双舞鞋。

在拒绝孩子请求的时候，最好十分肯定地说声“不”，然后给孩子提供你能想出来的、最为简单的解释。这种拒绝方法，让孩子没有理由去觉得哭闹、纠缠或哀求能够达到他们的目的。让孩子在一番无理哭闹之后心想事成，就等于在告诉孩子，他越是把家长的生活搞得一团糟，就越能够达到自己的目的。这种无原则的屈服和让步，主要原因就是想避免孩子闹腾，并且怕伤了家长与孩子间的一团和气，但因你的让步而赢得的、暂时的清静和平，却要付出高昂的代价——它让孩子觉得，自己只要闹腾，就能够达到目的，从而形成不良的习惯和不健康的人格。

作为一位家长，你的职责就是帮助孩子知道什么应该得到，什么事情能做和不能做，然后向他们指明正确的途径。那么，怎样说“不”才能达到最好的效果呢?在此，我们不妨借鉴一下美国家长们的成功做法。

首先，父母们必须明确何时何地说不，以下是四种必要的时候：

1.当孩子们的健康或安全处于危险状态时应该说“不”。

孩子们确实需要有探索、体验并尝试新生事物的自由，但是作为父母，你有责任保护他们的身心不受到伤害。很明显，当孩子们在繁忙的停车区跑来跑去，而不是抓住妈妈的手时，父母们必须说“不”；当孩子们在上学期间想晚上熬夜看电视或看成人电影时，也应当对他们说“不”；当他们想抽烟、喝酒或吸食毒品时，应该为他们的健康和安全而说“不”。

2.当孩子即将违反规定时应该说“不”。

有些人认为规定肯定是会被违反的，但是在涉及孩子的抚养问题时，制定规定是为了教会孩子面对生活中的重要现实并且学会做人。规定是为了保护孩子并且教育他们分清是非和主次以便过上幸福生活。家庭需要制定规定，以便每一个成员知道自己的家庭是如何生活的。规定可以教育孩子怎样尊重他人。最重要的是，约束孩子能让他们学会遵从并履行规定，这是在道德、法制及有序社会中生存的至关重要的技能。

3.当孩子们态度蛮横或粗暴时应当说“不”。

听到“不”并且服从约束意味着孩子会逐渐变得友好、文明并且以各种温和的方式解决问题。蛮横粗暴的孩子并不一定成长在纵容的环境中，更有可能的是他们没有学会怎样遵从约束，也没有学会自律。许多蛮横粗暴的孩子没有学会自我克制，而是模仿了成人的粗暴行为。

4.为了让孩子们富有责任感，应当对他们说“不”。

责任意味着什么?一个有责任感的人能够对控制、要求、义务及信任做出反应。有责任心的孩子知道并且能履行自己的职责。有责任感的孩子并不是想干什么就干什么，当事情出格时，他会对自己或别人说“不”。怎样让孩子变得有责任感?让他们在必要时听到“不”这一字眼，而且父母应用实际行动来表示自己的决心。孩子们可以通过以下方式变得富有责任感，即观察有责任心的父母，承担责任时能得到积极的奖赏与鼓励，并且知道关爱自己的父母不容许自己做错事。

用合理的、有效的方式说“不”需要自律。我们应当记住一个明显的事实：孩子们不喜欢遭到拒绝，即使是成年人想干某事时，我们也不乐意听到“不”。我们必须克服自己说“不”时的矛盾心理，清除做严父严母的内疚、焦虑、不安及勉强心理。

做到这一点的方法之一是相信提出限制并不意味着气量狭小。你必须说服自己这一点，即关键是培养一个健康、有能力而且有责任感的孩子。另外，你必须记住说“不”不会使你变成坏人，尽管你自己有可能会这样看。

在说“不”时你必须学会应付孩子的恼怒。在听到“不”时，孩子们可能会表现出反抗、暴怒、恼火、指责、消极、不悦、执拗或者抵触，这些反应很正常，接受孩子们会有的敌对反应是应付这些反应的第一步。而更为重要的是理解孩子们为什么会有这些反应。如果你能理解并且接受这一点，即引起反应实属正常而且是成长与发展过程的必要组成部分，你才有可能消除自己的无益情绪，并且用理智现实的方式来管教孩子。

当你确信你想说“不”时，而又不至于使矛盾激化，你可以学习使用让孩子更能接受的方式并且减少孩子的顽固反抗行为。尽管孩子偶尔会有恼怒的反应，但是如果规定与约束明确并且合理，你自己言行一致，而且孩子知道你说话算数时，那么令人吃惊的事情就会发生。孩子们开始接受你的权威以及管教而且极少会发脾气。

最后，我们附上用有效方式说“不”的十条建议：

1. 不要频繁地使用“不”。

2. 让孩子们自己做出一些决定。

3. 进行说服教育。

4. 重新看待问题。

5. 讲出说“不”的理由。

6. 提出规定。

7. 让孩子知道你对成熟的、负责任的行为的期望。

8. 当说“不”时表示出遗憾与同情。

9. 告诉孩子你现在说“不”，是为了以后说“是”。

10. 采用幽默的手段。

第⑦辑 | 孩子的名片 | NO.7

不承认孩子的个性及其特殊权利，不辅以必要的行动，就会产生重大的社会问题。

——甘地夫人

孩子总问为什么

父母提示

问各种各样的问题是孩子认识了解世界的本能方式，作为普通父母，我们不可能是百科全书式的学者，随时随地可以给孩子正确答案，但关键的是我们对待孩子问题的态度。

很多父母大都有同感：孩子们常常会不择地点、不合时宜地提出一些“千奇百怪”的问题。有些问题在成人看来，显得过于简单或可笑；有些看似理所当然，比如“鸟为什么会飞?”“人为什么要长两只耳朵?”；更有一些显然还会超出父母的知识范围，令父母无从回答。

对于孩子们天真的提问，真正回答起来并不简单。不过，如果你无法回答，也不能嘲笑、蒙骗或回避。孩子在成长的过程中，不断接触到新鲜事物，好奇心促使他们不断地思考和质疑，不论他们的想法如何，只要提出问题，就表明他们有求知的欲望。如果他们的问题受到重视和鼓励，就会逐步养成思考的习惯，从而有利于促进智慧的成长。

陶行知先生在育儿歌中说：

发明千千万，起点是一问。

禽兽不如人，过在不会问。

智者问得巧，愚者问得笨。

人力胜天工，只在每事问。

好奇、好问是孩子的年龄特点和心理特征，有人认为爱提问的孩子将更聪明，更容易成功是有根据的。我的一位同事一直坚持这一观点，只是近来却抱怨:“我那臭小子，每天都有八百个问题等着你，你说像我这水平，怎么经受得起?我常被问得很尴尬。”爱迪生的小学教师，也曾遇过这类问题。有一天，当他告诉学生二加二等于四，爱迪生就问老师为什么是四，老师无法以数学家的方式解答，当然不能让他满意。这位老师觉得爱迪生的头脑一定有什么问题，深怕他的“不良行为”影响到班里的同学，就告诉他的母亲:“你应该把孩子带回家去好好教导，否则会给大家带来很大的麻烦。”

显然，这是一位不称职的老师，所幸爱迪生的妈妈并不认同老师的说法，她认为孩子既聪明且很优秀，所以就替他办了退学，自己在家里悉心教育。今天，爱迪生带给大家的是不是“麻烦”呢?

没有任何一位父母可以成为一部百科全书，对于孩子的提问，关键并不在于是否有一个清楚明了的标准答案，最重要的是对待这些问题的态度，如何引导和满足他们的求知欲。遇到不容易回答的问题，一方面可以先称赞孩子善于思考，然后再尽力回答。即使不会回答，也不能光顾及“面子”加以搪塞。这对于孩子的积极性有着很大的影响。

当然，在某些特定的情况下，比如在孩子吃饭的时候，在大人们商谈重要事情或忙碌的时候，父母应该首先让孩子明白，这时的提问是一种不好也不礼貌的习惯。当父母在谈话，或在工作，孩子以为自己受到冷落，因此会提些无关紧重要的问题，以期引起注意，如果告诉他们:“大人谈话小孩子别插嘴!”或干脆斥责:“你真烦! 一边玩去。”就会伤及孩子的自尊心，可能导致孩子的个性变得抑郁。

所以做父母的应该注意孩子的情感，弄清他们的真正意图。当“解惑”变得不太重要时候，应该从侧面加以引导。

例如，3岁的女儿小超随妈妈上街，看见水果店里鲜红可口的草莓，就问妈妈:“草莓为什么是红色的呢?”本来妈妈可以借机向她讲一点植物学方面的内容，先向女儿灌输“色素”的概念，可这样一来，先不说妈妈能否讲清楚孩子能否听明白，最起码的一点，妈妈并没听出孩子的弦外之音，正所谓醉翁之意不在酒，女儿提问的目的显然是想让妈妈满足自己被草莓勾起的食欲。这时妈妈如果告诉她："草莓小时候不是红色，成熟后就变红了。让我们先买一点，回去边吃边看看它为什么是红色的，好吧?"这样的答案才会令孩子满意。

另外，孩子的某些问题会很情绪化，遇到这类问题，简单的道理和说教，往往并不能起到很好的作用。有机会应该让他们参与实践，通过自己的劳动找到答案。

有这样一个例子：小明常会剩些饭菜在碗里，妈妈告诫他不该如此，小明不以为然，问妈妈："为什么非要吃干净呢？""不吃干净就要遭雷打。"妈妈用这种吓唬加蒙骗的方式对待孩子，尽管其用心是好的，可结果却非常有害。让孩子处于一种恐怖的心态下，不利于思想的健康成长。而且，在孩子长大以后，会有一种上当受骗的感觉。理想的做法是：可以跟孩子讲种粮食的过程很不容易，借机形象生动地讲解"锄禾日当午，汗滴禾下土。谁知盘中餐，粒粒皆辛苦。"这样的诗句，从而让孩子真正明白浪费是不良行为，是不尊重和珍惜别人的劳动成果。当然，最好能找机会让他们亲自参与一下劳动，体验流汗的滋味，这样更能加深他们的认识。

还有一些情感问题，比如姐姐问妈妈最爱谁？因为她有一个小她3岁的弟弟，得到母亲更多的照顾，于是姐姐担心妈妈不再爱她了，才有这么一问。在这一点上，妈妈不但要肯定对女儿的爱，顾及到她的感情，还要让她明白，对于他们的爱是一样的，照顾弟弟仅仅是因为他太小而更需要帮助的缘故。

孩子所有的提问中，涉及到科学方面的话题往往最难解答，因为即使你能科学的解答，可孩子的理解范围很有限，不如很贴切地以童话般的情节来保护他们的兴趣和梦想。

如果孩子问你"天空为什么是蓝色的?"你解释因为大气层与光的原理，才使得晴空变蓝，孩子还是无法凭想象了解"大气层"与光的分解，不如告诉他们:“太阳的光分为7种颜色，分别由7个小仙女掌管。天晴的时候，她们喜欢一起到地球上来玩，可是只有掌管蓝色光的小仙女最勇敢，跑得也最快最远，所以人们看到的天空就被蓝色占满了，天空就变成蓝色。”同时还可以鼓励他们好好学习知识，以便将来自己乘飞船遨游太空，探索无尽的奥秘。

至于幼儿偶尔提到的性问题，父母应该自然而爽快地回答。鉴于我们的生活环境和传统习俗，有些父母在遇到这类对于孩子来说很单纯的问题，却自己将它复杂化、严重化，生怕孩子自幼沾染“不良”习气，纷纷压制、打击。

有个3岁的小男孩问妈妈:“小丽为什么不站着撒尿呢？小丽撒尿的地方为什么和我的不一样呢？”妈妈一听大惊失色，训斥道:“男孩子不可以偷看女孩撒尿！那样会害眼病，瞎眼睛。”这样反而能挑起孩子在成长期的性欲，一旦发育成熟，这种神秘感更容易促成“窥阴癖”等不良行为，甚至会诱发性犯罪。

最后，我们要强调一点，对于孩子的问题，广大父母首先是应端正自己的心态，以慎重的态度认真对待，这不仅是一门知识，更是一种艺术。

孩子也有沉默的权利

父母提示

几乎所有的家长都给孩子讲过“狼来了”的故事，你的孩子因此就从来不撒谎了吗？或许某一天你突然发现，自己的孩子居然冒着“被狼吃掉”的危险，不止一次地欺骗了自己？而你也为此痛心、苦恼，心里不能接受：我的孩子怎么也变成了一个说瞎话的人？

谎言是人类的公害。

家长和教师最不能容忍的问题之一，便是孩子说谎话，因为谎话不仅是品质不良的表现，有时还预示着灾难。然而，又有几个孩子没撒过谎?这一可怕的顽症着实让人头疼。

先让我们来重温一段故事吧。

1946年7月4日，德国法西斯已经灭亡了1年零2个月。这一天，离华沙170公里的凯尔采市的几百名群情激愤的市民冲向街头，见犹太人就打、就抓、就杀，有的犹太人被抓到帕兰蒂大街7号的一幢房子里活活打死。这场肆无忌惮的屠杀从早上10点持续到下午4点，有42人被杀害，其中2人是被误当成犹太人而打死的。

说来令人难以置信，这次屠杀竟是由于小孩说谎而引起的。赫里安，波兰一个鞋匠的儿子，当时他和父母从20公里外的乡村搬到凯尔采市，住了才几个星期，对城里的生活很不习惯。7月1日，他偷偷搭车回到乡村小朋友之中，3天后又溜回城里。见儿子回来，父亲不禁恼恨交加，拿起鞭子就揍他，并大声责问：“你这顽皮鬼，这几天跑到哪儿去了?是不是给犹太人拐去了?”孩子见爸爸凶神恶煞般的样子，害怕了，于是顺水推舟地“承认”这几天是被犹太人拐了去，还谎称犹太人把他拐到帕兰蒂大街7号的一个地窖里虐待他。

第二天上午，愤怒的父亲带着赫里安到警察局去报案。在回家的路上，很多路人好奇地问父子俩发生了什么事，父子俩绘声绘色地说赫里安被犹太人拐去折腾了几天。当时，虽然二战已经结束了，但德国法西斯的排犹思潮阴云未散。几个路人听信了谎言，异常愤怒，声言要对犹太人报复，而捏造的“事实”在几小时内一传十，十传百，越传越走样(甚至传说赫里安被犹太人杀害了)。于是，酿成了这一天对犹太人的屠杀悲剧。

如今，赫里安已经59岁了，每当他回想起这段历史，就有一种负罪感。帕兰蒂大街7号这幢房子早已重新修葺，改为纪念馆，让世人不忘过去，珍惜今天。

这篇题为《小孩说谎引起的屠杀》的文章，发表在1996年10月13日《羊城晚报》上。我们感谢作者给我们讲述了这个经典故事，因为它入木三分地说明了谎言的危害。

这里有两组关于孩子说谎的数据。一组来自国内，某心理研究所用三年时间，调查了全国7个省13个城市430个家庭，发现有50%的孩子从3岁就开始说谎了。随着年龄的增长，比例愈来愈高，到9岁时，说过谎的孩子上升到70%。另一组来自美国的调查数据更吓人，据美国心理学家迈克尔·路易斯的统计，全美国有三分之二的孩子在3岁前就学会不说实话，而到了7岁，98%的孩子都已说过谎。

谎言的比率之高令人震惊，而且其危害之大也是我们所共知的。那么，孩子为什么还说瞎话呢？从表面上看，似乎孩子不知道撒谎的后果多么严重，所以才随便说谎。其实，这种看法并不了解儿童的心理特点。据心理学家们的研究发现，孩子说谎一般有三种原因：

第一， 他们讲真话受到了惩罚，所以不敢说真话。

在这里有两个孩子的切身体会：

14岁的男孩申亮说：实话实说使我成了众矢之的。

虽然老师家长都教我们要诚实，但有一件事却让我体会到，实话实说往往不仅伤害自己，还会伤害别人。

那是这学期刚开始的时候，我们班一帮男生放学结伴去游戏厅玩连线，这是学校不允许的。一天老师把我叫到办公室，问我和谁一块儿玩连线去了。我低着头不说话，因为我既不想欺骗老师，又不想抖落出这件事。老师急了，用笔敲着桌子嚷道："正因为我知道你知道，我才问你的。你是想让我再从别人嘴里证实吗？那你的错误就更严重了。"我想这下完了，看来老师全都掌握了，再扛着也没用，只好极不情愿地供出了一名"同伙"。没想到那位同学马上被叫到办公室，不知老师用的什么办法，使他一下子供出了七八个"同犯"，又有一串人叽里咕噜地被叫去训话，整个儿全军覆没。顿时我成了众矢之的，因为缺口首先是从我这儿打开的。同学的责怪让我特别委屈，我真不知道怎样才能既不向老师撒谎，又不伤害我本不想伤害的朋友。过了一段时间，老师又一次把我叫到办公室问道："上次我跟你谈过之后你又跟谁去过（打连线）没有？"我犹豫了一下，回答说："别人我不知道，反正我去过。""和谁去的？""和我哥。"我选了一个最保险的说法。"咱班还有谁去过？""那我不知道，我真的不知道！"我尽量装得很自然的样子。虽然我跟老师撒谎不对，但我只能这么做。从办公室一出来，一帮同学早在外面等我了。仔细打探了"审问"情况之后，同学们都松了一口气，大家一致表示，从此要建立一个“民族统一战线”，谁也不把玩连线的事儿说出去。

13岁的刘晓菲说：瞎话是被逼出来的。

刚一懂事儿我就知道说瞎话不是个好孩子，我也不想当坏孩子。可有时大人逼着你说瞎话。比如我特别喜欢玩电脑，而妈妈规定只有到了周末才能玩一会儿。有时放学回来早点，趁妈妈不在家，我就悄悄地打开电脑玩一会儿。可是大人却特贼，电脑上的遮布是怎么盖的心里都有数，我偷着动电脑的事儿十有八九都会被发现，结果自然免不了挨呲儿。另外我想和同学一块儿去游戏厅打连线，那种实战的感觉是一人在家里玩不可能体验得到的。但妈妈坚决不允许，说那是让好孩子变坏的鬼地方。我妈是个说一不二的人，如果我向她请示，肯定没戏，于是我只好先去了再说。

从游戏厅一出来，脑子里盘算的就是回家如何交代了。说实话，肯定受罚，轻者挨骂，重者挨打，所以真话不能说。可假话其实我也不想说，只是妈妈一定要追问出“到底干什么去了”，不说清楚就甭想完。你想既不挨打，也不说瞎话就过关那是不可能的。被逼得没法了，为躲过一顿打，只好狠狠心说瞎话了。可常常是，谎话不知哪天又被戳穿了，这顿打还是没躲过去。可毕竟是能躲一会儿就躲一会儿，再说也还有被蒙过去的时候呢。所以到了下一次，瞎话顺着嘴边就又溜出来了。

看来孩子说谎在一定程度上是家长逼出来的，孩子内心里并不愿意说谎。

第二，有的孩子撒谎欺骗大人是为了摆脱某种困境。

13岁的石葆说：

我妈特别喜欢拿我和别人比，每次考完试，她问过我的分，接着准问和我不错的两个同学考多少分，如果他们比我考得高，妈妈就开始数落我，说我怎么怎么不如别人，气得我大喊：我傻瓜我笨蛋行了吧！可我要是和那两个同学考得差不多，即使分数低了，妈妈也不说什么了。发现这个规律之后，我就想了一个绝招——扰乱妈妈的参照系统。考坏了，就说某某某也和我分数差不多。这招儿还真灵，我连续得了3个70多分都没挨骂。可到月底班里一排名次，明眼的妈妈一下就看出了破绽，我的阴谋败露了。妈妈非常气愤地问我为什么谎报别人的分数（我的分数谎报不了，卷子家长要签字），我如实地告诉她——是为了让您心里有个安慰。

第三，在家庭中，孩子也受大人的影响。

有些对孩子说谎不分青红皂白加以苛责的家长，他们对子女往往是谎言“连珠”。归纳起来主要有三种：

一是“恐吓”式谎言。当孩子还刚学说话时，这种谎言的使用率最高。譬如，为使孩子不哭闹，或抑制其想出去玩的冲动，家长会脱口而出：“快别哭了，小心外面有大老虎！”这时孩子会吓得瞪大眼睛；然后，家长又故作神秘兮兮地解释：“老虎听到小朋友的哭声，就会过来把你吃掉。”孩子自然不敢哭了，不敢嚷着要出去了。可家长是否知道，等孩子稍稍长大一点，会明白“什么老虎，全是大人骗我”。

二是“许诺”式谎言。在有些家长的意识中，存有这样的观念，孩子是哄大的，不哄就难以让孩子做成某件事。因此，为使孩子能按照自己的思维运作，习惯于向孩子空口许诺，如：“你如果听话，那么就……”“你如果赶快把作业做完，我就让你……”可是等孩子如大人所愿“听话了”、“把作业做完了”，家长却忘记了践诺，要么以种种借口搪塞、否认，要么摆出各种理由加以拒绝。对这种动辄许诺却不加兑现的家长，孩子就可能得出一个结论，大人的话看来是不可信的。

三是“威胁”式谎言。有不少家长信奉这样的理论，要使孩子听话，就必须让他怕父母。于是，“威胁”式谎言便有了“用武之地”。如：“你如果再不好好读书，我就打死你，”“你如果再不听话，我就不要你了”等等。显然，家长说这样的谎，是想告诫孩子要“奋发向上”，做个“听话的”好孩子，否则后果“不堪设想”。但事实上一般家长当然不会那样做。从心理学角度分析，这种“干打雷，不下雨”的“威胁”，除当时给孩子造成一定程度的恐惧外，只会使家长失去在子女面前的“权威”。因此，家长若事先声明要采取什么惩罚手段来矫正孩子的毛病，一旦其“违规”，就得算数。这样他才会悟出父母的话不是谎言。当然，除非有某种真正的“迫切”需要，一般来说，采用“威胁”方式来制约孩子是不可取的。因为它不仅给孩子带来了沉重的精神压力，客观上也为孩子为避免父母责骂而“说谎”提供了前提条件。哲人罗素就说过:“孩子不诚实几乎总是恐惧的结果。”

那么，怎样纠正孩子说谎的坏习惯呢?

家长要善于发现孩子的说谎行为。孩子最初说谎时，无论出于什么动机，总是比较紧张的，怕被家长识破而遭到训斥，但也总抱有一种侥幸心理，以为家长不一定在意他的话，肯定会相信他的。最初几次说谎，如果没有因被家长识破而遭批评，他就会暗自得意，以后说谎的次数会更多；如果被家长识破而受到批评，也就不敢轻易再说谎了。因此，家长应及早发现孩子的说谎行为，及时教育。其实，只要家长注意观察，多和孩子交谈，发现孩子说谎是不难的。如经常问问孩子当天上了哪些课，参加了哪些活动，就不难发现孩子是否逃学，当孩子向家长要钱，并说是捐款时，只要问问捐款的用途，或向其他同学了解一下，便可判断是否说谎。

家长发现孩子说谎后，重要的是要教育孩子，帮助他认识说谎的危害性。家长应告诉孩子，说谎得到的只是自欺欺人的短暂快乐，而失去的却是父母、老师、同学的信任。说谎或许一时能蒙混过关，但迟早会被他人发现真情，从而遭到人们的斥责。对学龄前的孩子，可用“狼来了”之类传统故事教育引导他做一个诚实的孩子。在孩子承认说谎不对，表示今后改正后，家长应当表示欢迎，表示深信他会改正，成为一个大家欢迎的诚实的人。这样，孩子会受到鼓舞，彻底改掉说谎的毛病，逐步养成诚实的好习惯。有的家长，在孩子承认错误后，还采取打骂等惩罚，甚至要孩子写出检讨保证书贴在墙上。这种做法严重地伤害了孩子的自尊心，往往会适得其反。

孩子说谎的根本原因，是投机取巧、自私自利。但每次说谎的具体动机又是不相同的。应分析孩子每次说谎的动机，采取不同的处理措施。如对因贪吃贪玩而说谎的孩子，应鼓励他根据实际需要向家长提出要求，只要是说实话，家庭条件许可就应满足孩子的要求。再如，对因“义气”而说谎的孩子，既要指明纸包不住火的道理，又要讲清包庇错误并不是帮朋友，实则是害朋友的道理。这样，对症下药就会帮助孩子逐步纠正说谎的不良毛病。

另外，家长要给孩子沉默的权利。一位母亲曾经深有感触地提到了自己的教子经历，值得家长们借鉴：

我最不能容忍孩子犯的错误就是说瞎话。从孩子刚刚能听懂话的时候，我就一次次地给他讲“狼来了”的故事，告诉他说瞎话不是好孩子。因为我认为诚实是做人之本。在我第一次发现孩子把老师在家校联系本上的红钢笔字用涂改液覆盖上了之后，狠狠地揍了他一顿。我心里不能接受：我的孩子怎么也变成了一个说瞎话的人！我期望这一顿拳头能够使他从此改邪归正。可事情并不如我想像得那么简单，挨了几次揍之后，他仍有一些小动作被我识破。

上了中学之后，活动的天地更大了，有时放学他不回家，和一帮同学去游戏厅玩游戏。这时我觉得孩子大了，用拳头已经不解决问题了，于是就苦口婆心地给他讲道理，讲去游戏厅的危害，讲做一个诚实的孩子的重要，晓之以理，动之以情。我的真诚孩子也很感动，他会很认真地向我保证不去游戏厅了。可是没过多久，他又故伎重演。

为此我痛苦极了，我感到了自己的无能和做母亲的失败！万般无奈，我向一位研究少年儿童问题的专家求教。专家帮我分析了孩子说谎的种种原因，其中一个原因是出于无奈。有时孩子并不想说谎，但又不能说出事情真相的时候，家长非要逼孩子交代不可，他只好选择说谎。其实在这个时候，应该允许孩子沉默，他有沉默的权利。专家的话令我心头一震——我从没有想过孩子也有沉默的权利。我们大人处在两难境地的时候，可以用沉默来坚守自己的立场与清白，而孩子在大人的逼问下则必须说出个一二三。真的说了要挨罚，也就只好说假的了。

当天晚上，我和孩子推心置腹地探讨了有关说谎的问题。孩子承认，他从心里真的是不想说谎，但有时又不得不说。于是我告诉他，以后他可以有沉默的权利，有了什么不能说或不想说的问题，可以暂时保持沉默，但绝对不允许乱说。孩子一听非常高兴，当即保证再也不说谎了。

当然，作为母亲我同时也有另外的担心——孩子是否会利用沉默的权利大胆地“胡作非为”?但我很快否定了自己的假想。因为首先我对孩子的本质是了解的。再说，如果他真的想胡作非为，用说谎的方式比保持沉默更直接更有效。我相信，如果能给孩子一块自由的空间，会更有利于孩子与家长之间的理解与沟通，更有利于孩子健康地成长。

纠正孩子说谎的坏习惯，关键是培养孩子诚实待人、老实处事的好品德。待人诚实，才能博得他人的信任，才能在与他人交往中结下友谊，成为真正的朋友。处事老实，才能找到解决问题的最有效的办法，才能在不断的实践中真正做成几件事，从而取得成绩和成功。家庭教育的一项重要任务是教孩子学会做人。学做人，首先要从培养孩子诚实开始。待人诚实，处事老实，不但是做人应具备的基本品德，也是纠正说谎等不良行为的根本途径。

“独立宣言”

父母提示

“我们知道你们爱我，我也很珍惜这份爱。可你们知道吗？我更希望你们理解我和尊重我，因为我是一个独立的人，不是你们的复制品，不是你们的财产”。

约翰·奈斯比特在《亚洲大趋势》中说:“给予他们的孩子以良好的教育，是全世界中国人的梦想。”事实也是如此，中国父母对孩子的关爱和期望，可以说居于“世界领先”水平，可他们在孩子心中的地位却正好相反。

据一家青少年研究所分别对日本、美国及中国的高中生进行“最受你尊敬的人是谁”的问卷调查，统计结果显示：

日本学生是：1.父亲 2.母亲 3.坂本龙马(一历史人物)；

美国学生是：1.父亲 2.迈克尔·乔丹(球星) 3.母亲；

而中国学生，似乎吃透了传统文化的精髓，深知孔孟之道谦让的美德，纷纷将自己的母亲排在第十位，父亲排在第十一位，最受他们尊敬的人反而是那些当红的明星、牛气的英雄。

这是一个发人深思的结果。我们做家长的，往往只想到要孩子去做他们认为对的事情，在这方面，母亲的教养是“只要乖、听话，就是好孩子”。他们很少想到孩子也是一个独立的个体，是一个有其独立尊严的人。做父母的往往在“为了孩子好”的前提下，积极而热心地为孩子操劳一切，无怨无悔。小到衣食着装，大到升学、择业、婚姻，将自己的主观意志一味加在孩子身上，而很少顾及孩子的感受。

在我们的家庭里，父母处于高高在上地位，甚至有着绝对的威严。尽管威信是对孩子进行教育和孩子自觉接受教育的重要条件，是一种无形的、巨大的教育力量，可这种“强权”之下没有民主和平等的“威信”，反而暴露了家长自己不健全的人格，在教育中不仅起不了积极的作用，往往还会事与愿违。

是否可以这样说，中国父母非常爱孩子，像爱一种财产那样，却非常不尊重孩子，这样也就难以从孩子那里得到充分的尊重。

我们常听到这种抱怨:“这孩子越大越不听话了”，正所谓“儿大不由娘”。随着孩子身心的发展，其独立自主性不断增强，他们越来越重视属于自己的心理空间，无论在学习上还是生活中，他们都希望听到自己的声音，希望自己作为社会和家庭的一员而受到尊重。在这期间如果家长不理解孩子的心理变化，仍然处处管着他们，就容易发生争执甚至对抗，少女小伟就是一个典型的例子。

已上初中二年级的小伟，一天正跟几个好朋友在家中搞卡拉OK聚会，大家玩得很尽兴的时候，妈妈提前下班回来了，一进家门看到这种情景，非常气愤，当着同学的面指责小伟:“谁让你把卡拉OK机拿出来的！弄坏了怎么办?”当然妈妈并非担心卡拉OK机坏了，而是害怕女儿跟男孩子在一起会变坏。同学们一看到这阵势，纷纷走开，临行时还很礼貌地对小伟妈妈说对不起，可是妈妈什么也没表示。同学走后，妈妈要求她不要与男同学玩，并盘问她在校的情况。小伟生气地跟妈妈吵了一架，第二天到学校，昨天那几个同学因为觉得丢了面子而疏远了她，从此，小伟在班上几乎没有了朋友，觉得很孤独、苦闷。苦恼中她更加记恨母亲，处处与母亲作对，动不动就哭闹，还以死相威胁。

类似小伟这种情况在少男少女中屡见不鲜。有些家长严厉的管教，却总是收到相反的效果。我们一方面呼吁教育改革、强调素质教育，又一方面限制孩子的自由和权力，改革谈何容易?下面这位中学生无奈之中写给父母的信，正是孩子们渴望被关注被理解的呼声，是他们要求独立的“宣言”，从中我们会得到什么启示呢？

爸爸妈妈你们好：

我怀着一颗真诚的心给你们写这封信，因为我觉得通过写信的方式更能真实地表达我的内心感受，也希望得到爸爸妈妈的理解。

我生活在一个非常幸福的家庭，爸爸妈妈都非常爱我，满足我的一切物质需求，但我总觉得还缺少点什么，似乎在这个家中没有我的地位，因为除了你们给我规定好的事情之外，我什么也做不得，就连想坐下来跟爸爸妈妈一起交谈的权利都没有，你们总是一句话：小孩子别跟大人掺和。有时甚至不经过我的同意你们便自作主张替我做我不想做的事。爸爸妈妈你们什么时候听过我的想法？我也是一个大人了，一个中学生了，我时常想，我若能跟爸爸妈妈平等地在一起交谈，共同承担起家中的事情该有多好呀！

爸爸妈妈，尽管你们给我提供了丰富的物质生活，让我无忧无虑，可我还是在内心深处感到不满，心中感到压抑，我多么需要你们在精神生活方面给予帮助啊！我想借助这封信诉说一下体会和需要，以求得爸爸妈妈的真正理解。

请让我感到家庭的温暖，这个家是属于我们共有的。我多么需要这样一个地方，我可以自由自在地生活，发表自己的意见，大家可以互相帮助，即使错了仍能得到宽容接受。

请尊重我的感情和允许我自作主张的权利，我认为应该有权利保持自己的想法，也希望你们像尊重别人一样尊重我的感情，不要总把你们的意志强加给我，我应该有自己的生活。尽管我也会犯错误，但只要你们公正地对待我，我会自己改正的，否则，即使你们说得再对我也不会接受，因为你们首先没有尊重我。

请不要让我觉得不如他人，更不希望听你们说谁谁怎么样，那样只能伤害我的自尊心，为了反抗你们的意志，有时甚至会故意地不去努力，因为你们让我感到缺乏信任。越是在我遇到困难的时候，我越希望你们的信任和鼓励，这样我会为有你们这样的父母而感到骄傲。

亲爱的爸爸妈妈，我写这封信不是为了伤害我们之间的感情，而是希望我们能够共同携起手来，创造一个令我们感到自豪的温馨的家。

你们的儿子在期盼着这一天！

是的，我们大家也期盼着这一天，做到这一点并不难。我们赋予了孩子生命，同时也赋予了他们最基本的权力：他们也是社会中的一员。当孩子的人格得到充分的尊重，自然能以平等的姿态出现在社会交往中，这对孩子身心健全的发展，是非常有利的。作为父母，有教育孩子的权利，也有教育孩子的义务，父母与孩子的关系不应该存在着“长幼有序”、教育与被教育、一方必须听从另一方的不平等状况，而应该是朋友之间角色平等的关系，可以平等地讨论问题、分享各自的喜怒哀乐。这让我们真正做起来，可能感到不习惯，在此不妨先借鉴一下西方文化的经验。

1951年5月5日，日本人首先在参考美国“儿童宪章”的基础上，为确立对儿童的正确观念，谋求所有儿童的幸福，正式颁布了本国的“儿童宪章”，首先就明确规定：

儿童作为人类的一员受到尊重。

儿童作为社会的一员要受到尊重。

以宪章的形式确立儿童的权利，从根本上改变了人们的观念。美国孩子在没有血缘关系的同辈之间，绝不互称哥姐弟妹，而是直呼其名；称有血缘关系的叔叔阿姨，一般都加上这个人的名字，更经常的是直呼其名，甚至对自己的父母也不例外。这在我们听来，是“没大没小”的犯上之举，是不懂礼貌的言行，可这样才真正体现了平等。美国人在向对方介绍孩子时，不管对方是爷爷奶奶级的或叔叔阿姨级的，他们都会正儿八经地回复问候，并主动伸出手来与孩子握手，还会像对成年人那样对一个孩子说:“你好! 年轻人。”

他们都是这样把孩子当作一个“人”来平等对待，当然，孩子自幼也就十分自然地把自己看成与成年人一样平等的人了。无怪乎美国孩子常常挂在嘴边的一句话是“你伤害了我的感情”。大人们只要有一点事做得不合孩子的意，他们就可以抗议。

对比别人的举措，我们该怎样做呢?

没有不听话的孩子

父母提示

孩子许多时候不听话，甚至故意和父母做对。你知道这些表面现象背后的深层原因吗?

细心的母亲，可以从婴儿的啼哭声中，分辨出他们的需求。据说婴儿在饥饿的时候、不舒服的时候或受委屈需要安抚的时候，他们的哭声是有所不同的。婴儿在还不会说话之前，只能以这种方式来表达他们的某些动机。

而有些父母，碰到婴儿啼哭时，往往不明所以，不能搞清他们真正的意图，在哄逗不果的情况下，就会失去耐心，甚至弄到心慌意乱，对孩子一通吼叫。

研究表明，孩子从一出生就在探索能使他获得归属感与重要感的手段，对能使他感到有一席之地的行为，孩子会不断重复，而使他感到为群体所忽略的行为却很快被放弃，获取注意力、权威、报复及自暴自弃都是与寻求归属感和重要感有关系的，孩子们会认为，注意力和权威帮助他们获得归属感和重要感。

对于一个孩子而言，由于他们的好动，缺乏推理能力与持久性，就很难意识自己某些潜在的动机，从而更需要家长去发现他们的某些目的，而给予适当的引导。

比如，妈妈将已7个月大的婴儿放在地板上，让孩子自己玩，自己开始写论文。有时写入了神，几乎忘记孩子的存在，这时，孩子忽然大哭起来。妈妈一跃而起，跑到孩子身边，检查是否有什么伤痛，但并不见孩子有何不适，便仍旧回到桌旁写东西。很快孩子又尖叫起来，妈妈又一次跑到孩子身边，轻轻拥抱着、安慰着，却还是不见有什么不对的地方。

其实，孩子已习惯了得到大人不断的注意。眼看着妈妈不理自己，以为妈妈不喜欢自己了，于是性急地大哭起来，妈妈因为哭声而转移了注意力，跑过来不停地摸摸、抱抱、吻吻，这正是孩子所需要的，因而开始学会运用这一技术，达到吸引妈妈注意的目的。如果妈妈能懂得孩子的需求，在孩子安静地玩耍时，经常回过头看一眼，给以赞许的微笑，或说一两句话，孩子的目的达到了，也就会停止啼哭，不再用其他方式打搅妈妈了。

育儿专家克劳蒂娅在有关的论述中曾指出，获取注意是儿童常有的四种错误动机中的一种。之所以称其为错误的动机，是因为这些动机是建立在错误的如何获取归属感和重要感的假设上。其他的三种动机是权威、报复和自卑，在这些动机支配下的行为目标，就是找到归属感和重要感。

只有当我们正确地诊断孩子的行为动机这种病根，才能采取适当的有效的方法对孩子进行正确的教育与引导，从而用正确的手段实现自己的根本目标。可判断孩子的行为动机不是一件容易的事情，同样的举动会出于不同的动机。比如：孩子不肯吃饭，可能是为了打断父母的对话，以便让父母都来照顾他进餐，也可能是为了向父母显示自己的权利，不愿轻易服从父母的吩咐，再可能是为另外的事向父母进行报复，究竟是哪一种动机，要据情而度。

现实生活中，并不是所有的父母都能理解这些，他们更多的是按照自己的想法来理解孩子的行为，因此对于那些固执己见的孩子，往往归结为“不听话”，并因此而深感恼火，使自己的感情受伤、失望，不惜采用过火的行动加以制止。而最终的结果，要么是孩子暂时有所服从，可随后又旧病重犯；要么消极对抗，无所反应。

比如，孩子一进家门就甩下书包坐到游戏机前，妈妈这时督促孩子做功课，孩子却希望先玩一会再做，于是妈妈给孩子20分钟时间。20分钟很快就到了，妈妈再次催孩子做功课，孩子却争取道："妈妈，再玩5分钟好不好？"5分钟过去了，妈妈还是不见孩子行动，非常生气地跑过去关上游戏机。"我让你马上做作业！听话。"可孩子却跳起来，扑过去重新开机，妈妈一把抓住他，大声说："你要我打你吗？"一面将孩子拖到书桌前，将作业本推在他面前，10分钟过去了，孩子动都没动作业本，妈妈愤怒了，可孩子也是一付倔强的样子。

从一开始，孩子就知道该做作业，只不过试着让妈妈答应他多玩一会儿，当规定的时间到了，孩子又试着向后拖延，妈妈又很轻易地让他成功了。对孩子来说这很关键，不仅能够多玩5分钟，而且向妈妈权威的挑战，妈妈后退了，孩子感到自己的地位与重要性，因为能让妈妈让步，这鼓励了第二回会的挑战，并开始了权威之争。在这种情况下，孩子决定用自己的权利击败母亲的企图，并从中感到莫大的满足感。他认为如果自己屈从于妈妈的意志，便是向强权低头，从而失去了个人的价值。这种害怕为强权所制服的恐惧对一些孩子来说是具有毁灭意义的现实，因此导致他们不顾一切努力捍卫自己的权力，大人的震怒和武力尽管可以让孩子哭叫挣扎，但心里却因成功而喜悦。对于父母来说这是很大的错误，也是徒劳无功的。而父母过于激烈的反应，也使孩子感受到了威胁，认为只有坚持自己的立场，保持自己的权利象征，才能保护自己的价值。而这种强力行为本身也在教育孩子用强权对付他人，成为训练一个小霸王的开始，这大概是大多数父母不曾想到的。

我们时常可以看到的一个现象是孩子们明知故犯行为，在大人明确地告诉不要做某种事后，孩子的反应是"我偏偏要做"。其实孩子明知故犯的目的也不外四种：得到注意、展示权利、寻求报复和自认乏力。针对孩子行为后面的心理动机对症下药，才能避免不必要的紧张，最有效地教育孩子。很多家长习惯于用批评、惩罚、说教和痛苦来使孩子们变好，其实鼓励才是最有效的方法。

当我们意识到孩子在有意挑衅时，有时最好的解决方法是撤离“战场”。孩子对父母的要求做不可理喻的抵抗时，其目的常常是为了与父母进行权利的较量或对自己的行为范围的试探，看看自己能得到多大的自主权。如果我们卷入这场冲突，是向他们投降，对孩子的错误动机是一种鼓励。在这种形势下，想对孩子的具体问题进行现场纠正往往是徒劳无功，因为他们是“醉翁之意不在酒”。我们应将注意力放在他们的动机上，而不是就事论事，我们需要做的是改变他们的态度，因此撤退本身并不意味着放弃对他们的教育，而是对孩子教育的一种方法，可以说是对他们的错误动机的“釜底抽薪”。

父母们常常抱怨孩子对自己的要求毫不在意，经常会说的一句话就是:“我对你讲了一百遍了，为什么不听?”听了这句话，孩子们的反应会是什么呢?“还不是老一套”，“又来了”。父母们不应拿这句话来问孩子，而应问自己，当我们警告孩子，我们对他们的行为将要采取措施时，我们应该清楚这一警告是否能实现，我们是否会照所说的去做，如果我们根本不会实施我们的警告，那么就犯了根本性的错误。因为这样的结果只能使孩子对你的话的相信程度降低，甚至完全失去可信度，认为你不过是危言耸听，大可不必当真。有了这样的想法，自然会对父母的话当“耳边风”。

比如，12岁的女儿多次要求妈妈给她的房间装一个电话，这样她可以有更多的隐私，不必总在客厅和厨房里与同学或朋友聊天。妈妈终于同意了，但有一个条件就是不能总与同学在电话里讲个不停，影响学习和睡觉。女儿轻松地答应了。可从装电话那天起，妈妈就意识到自己犯一个错误，只要女儿在自己房间里，百分之七十的时间都泡在电话里，有时夜深了，还在电话上讲个不停。妈妈不断对女儿说："不能总打电话，真不该给你房间里装电话，你若再这样没完没了地打电话，我就将你房间的电话取消。"女儿在随后的几天照办，可过后又一切照旧，最后干脆对妈妈的提醒与告诫充耳不闻。

在妈妈第一次讲要取消电话时，孩子或许还有一些顾忌，但妈妈反复声明却并未见行动，孩子便得出一个结论：妈妈的话可听可不听，不听不会有什么后果，因而大胆起来。

有时，对于一些显而易见的道理，父母反复强调，用太多的话语来说明，相信孩子终究会领悟他们所叙述的道理，因悟道而止行。而孩子们并非不懂应该怎样做，他们只是大都有着自己的不情愿或其他目的。这种情况下，孩子对家长的"唠叨"便觉厌烦，非但不照此改正，反而变本加厉。语言的劝告对他们就起不了一点帮助了。

因此，**父母应该做到"有令必行"，并最大限度地去了解孩子们行为背后的目的**，那样你就会发现其实没有"不听话的孩子"，每个孩子都很懂事，都会明白事理。

“我们不一样”

父母提示

世上没有两片完全相同的树叶，更不可能有完全相同的两个人。在掌握普遍规律的前提下，我们需要充分了解孩子的个性，不要随意简单化地比较和一刀切。

“你看人家小明，这次又考了个双百，你怎么就不行呢?”恼怒的父母如是说。

“你看人家胖胖的父亲，开奔驰，买别墅，你们怎么就不行呢?”委屈的儿子如是说。

“我们不一样……”父母支支吾吾。可到底为什么不一样，你能说清楚吗?

我们很容易能理解，对于一个爱花、养花的人，一定要懂得依据花草的习性给予不同的栽培和养护方式，那样才能使花草生长茂盛。譬如兰花就须放在暖房里呵护着；蕨类须生长在阴湿之处；仙人掌类不可天天浇水……同样的道理，培育一个孩子也必须依据他们的个性，给以合理的教育方式。“因材施教”是大家耳熟能详且极力提倡的教育理念，但在实际情况下，并不是所有的父母都会尊重“个性差异”，我们常听父母会这样对孩子说：

“你就是没有你哥哥稳重，整天坐不住，跑进跑出、动来动去的。”

“你为什么总是问个没完?吵死人了！你就不会学隔壁的小梅那么乖、那么静吗?”

“你看看你，哪像个女孩?整天像男孩一样野。”

父母常常会以自己的期望来要求孩子，而不是根据小孩本身的能力和特质来加以培养，所以才会拿自己的孩子与别人的孩子作比较，以至于忽视了孩子的个性差异。

孩子的个性差异并不在于性别、年龄、身高、体貌等外在的、看得见的差异，还有许多内在的、看不见的差异存在。比如记忆力、观察力、思维想象能力、言语能力，创造力等内在潜力方面，每一个孩子都表现出不同的天分。

大家都知道古人学弈的故事。有一个学生因为能专心听讲，技艺增长很快；而另一个却一心以为“有鸿鹄将至，思援弓缴而射之”，一心二用，结果无所长进。这个故事除了告诉人们注意力在人的智力活动中的重要作用以外，也表明了人们在注意力方面所表现出的不同特点。

我们通常会拿这个故事作借鉴，要求孩子在学习和做事的时候，要“全神贯注”、“聚精会神”，这种要求的本身是没有什么毛病的，可一旦我们明白“注意”的定义，可能就会发现某些新的问题。心理学家是这样给注意下定义的：注意是指人的兴趣、感知、记忆、思维、想象等心理活动指向和集中于某一事物。

注意力是智力的重要部分，这是无可非议的。同时，注意力还是观察力、记忆力、想象力、思维力等其他智力因素的必要条件和先导，如果没有注意力，人就听不到、看不见，无法回忆、难以思考。有了良好的注意力，就好比是打开了心灵的天窗，要塑造聪明的孩子，必须开启孩子的心灵之窗。

对于那个“一心二用”的学弈的学生，也有可能其本性是好动的，他的兴趣可能更专注于骑射之类的运动，是否转移一下学习方向，他就可能表现出很强的注意力呢?如果他能成为一名技艺精湛的射手，我们是否还有理由逼迫他学弈并且责怪他的不专心呢?

事实上，我们很多家长正是如此，常因孩子对于某一事物表现得不专注，就横加指责，怪他们注意力不集中。要培养孩子良好的注意力，必须先了解他们的注意特点。

当你对着1岁多的孩子问:“猫咪呢?”孩子就会朝着小猫经常活动的地方去寻找；当你问“妈妈呢?”他就会转向妈妈所在的地方。新生儿时期，一个人就产生了注意力。有资料表明，明亮的物体、发响的玩具、巨大的响声均能引起尚未满月的婴儿无条件的定向反射，这便是孩子最初的注意。此后，孩子的注意力越来越明显。3岁以后，孩子的注意范围开始扩大，注意能力逐渐提高；5~7岁的孩子，已开始能比较自觉地注意某些事物，但是还不稳定，不能较长时间地把注意力保持在某一事物上。

同时，我们还可以发现一个现象：不同的孩子，注意的对象是不同的，他会根据自己的需要和兴趣随时转移对象。比如，或许你的孩子在做算术题时，那付心不在焉的神态让你伤透了脑筋。然而，他在玩游戏机的时候，却是那样专心致志、入痴入迷。或许有的孩子今天热衷于拼图游戏，明天又会长时间地注意印制精美的卡通书。

作为父母，我们必须首先要认识到孩子在注意力方面的特点，这样才能加以正确的培养和训练。

前苏联心理学家毕都霍娃曾做过这样一个实验：要求幼儿把多种彩色纸条分别放在颜色相同的盒子里，比较在游戏中与单纯完成任务的情况下幼儿的注意力。结果发现，在游戏中4岁幼儿可以持续22分钟，6岁幼儿可以坚持71分钟，而且分放纸条的数量比单纯完成任务时多50%。在单纯完成任务的情况下，4岁幼儿只能坚持17分钟，6岁幼儿只能坚持62分钟。这是因为游戏是幼儿最喜爱的活动，能引起他们的兴趣、激发幼儿快乐的情绪。兴趣是产生和保持注意力的主要条件，孩子对某种事物越感兴趣，他对这种事物就愈容易发生和保持注意力。

因此，通过调动孩子的兴趣和积极性，可以使观察的兴趣更加广泛，这对孩子注意力的发展是极为有利的。比如，一个平时在绘画活动中总是心不在焉的孩子，如果换一种情形，他的表现就不同了：家长说，今天是某某的生日，你给他画幅画，作为生日礼物送给他好吗?

结果，你一定会发现孩子不仅画得特别专心、认真，而且也画得很好。这是因为他有了明确的活动目的，非常希望把画画好，故能自觉地、专心地完成这一作业。

孩子对活动的目的和意义理解得越深，完成任务的愿望也越强烈，有意注意的保持时间也越长。

在日常生活中，家长可能因为孩子对于学习的热情“三天打鱼，两天晒网”的做法深感不满，因此经常在口头上谴责孩子注意力不集中，没有恒心毅力，却不主动寻找训练孩子良好注意品质的有效途径。不断向孩子提出各种要求和批评，只能引起他们的反感甚至是反抗，往往每做一件事都会半途而废。

我们知道，有意注意往往需要一定的意志力，所谓“神童”的良好的注意力确切地说应该是稳定而集中的注意力和意志力的结合，二者缺一不可。可以这样说，没有良好的意志品质也就难以养成超常的注意力，不会自制也就不会有意注意。

家长应该有计划地在孩子日常生活中，根据每个孩子自身的兴趣爱好以及孩子注意力发展的特点，采取适当的方法，有计划有目的地训练，“因材施教”，相信你一定会取得成功。

而且我们要搞清楚，如同不能说你没开奔驰宝马，没买花园别墅就算人生大失败一样，也不能因为孩子没有考双百就否定他，成功有多种多样，快乐也有多种多样，我们首先需要健康快乐的生活。

第⑧辑 交流的密码 NO.8

推心置腹的谈话就是心灵的展示。

——温·卡维特

为什么孩子有话不和父母说

父母提示

你是不是有这样的苦恼——孩子有话不愿同你讲？而且并不是孩子天生没有话，在和别的孩子聊天的时候，看起来也挺能说的，可是就是有什么事情不和父母说，原来小的时候还可以，是不是越大越不理睬父母了？不知道孩子心里想些什么，还谈什么教育！

别着急，这个问题并不是只存在你的孩子身上，天津市杨村一中的心理辅导教师周余波曾对本市初、高中阶段的528名在校生进行的一次问卷调查显示，只有9.85%的学生选择“当你有烦恼时，找父母谈心”这一栏，而且大部分是女生。这就说明了中学生在心理上对父母产生了距离和不信任感。“知子莫如父”这一传统观念正在受到挑战。

那么，孩子为什么有话不愿同父母讲，为什么不愿向父母敞开心扉呢?孩子的心里话对谁说呢?

林静在电台工作。近一时期，她以知心姐姐的身份主持了“中学生热线电话”节目。每逢周六热线通话时间，桌上的电话铃声不断，“耳”不暇接。来电话的中学生朋友所谈的话题牵涉到许多方面，从作业负担到早恋苦恼，从升学困惑到人生思考。耐人寻味的是，这些中学生在一吐心曲之余，往往要拖一个尾巴:“我这些心里话，只想让你知道，对父母和老师都是不说的。”

电台专辟“热线电话”节目为中学生释疑解惑，无疑是一件好事。不过，再仔细想想，来电话的中学生的心底秘密，在父母和教师这些尊者面前“讳莫如深”，对从未谋面的电台人员，却肯“和盘托出”，这是为什么？“热线电话”能获得中学生信任的秘诀之一，便是他们与中学生通话时，并不是简单地提供“标准答卷”，而是更注重于和学生做思想上的交流、探讨与沟通。当代心理学的一个重要分支——行为心理学的研究表明，正处于趋向成熟期的青少年，**一是由于逐渐形成强烈独立意识，因此往往不愿他人给以现成的生活指南；二是他们的内心又对各种事物有诸多“不确定感”，因此迫切需要从别人那里获得认同和了解。**而在日常现实生活中，我们有些父母和教师恰恰无视这两个心理特征。当他们偶尔知道孩子心里有什么隐衷时，或是漠然置之，而更多的则是“一本正经”的面孔，给孩子以“应该怎样做，不应该怎样做”的训词。这种居高临下的架势，又怎能谈得上与孩子相互沟通感情呢?久而久之，孩子感到，你这位尊者可敬而不可亲，也就不肯对你说“悄悄话”了。

处于青春期的中学生，总有需要宣泄的感情，总有需要表露的心里话。要是我们的为父母者、为师长者不去关怀他们的这种心迹，一味放任自流，固然“热线电话”等社会咨询机构能分担一部分工作，但有些孩子也可能去找社会上的一些“哥儿们”倾诉心里话。如果由此让一些“歪门邪道”拐骗了孩子，岂不误了大事么?

“心里的话儿向谁说?”这是一部电视剧的流行歌词，借用过来，以此作呼吁。愿我们的父母、老师和全社会，都能为学生开辟一个倾吐心曲的窗口，从而把青少年教育工作提高到一个新的水平，让我们的孩子与父母、老师和整个社会都时时“热线相通”!

带锁的日记本在商店的文具柜台上是可以经常看到的，它们装饰精美。只不过，和其他的日记本不同的是，一把小锁可以把本子锁起来。售货员说:“这是热门货，孩子们来买的很多。”

日记本要锁起来，很有意思。这使我想到一些中学生前来心理咨询时的谈话：爸妈有时偷看我的日记，我放在一个小箱子里，也给翻出来，还随便拆看同学的来信，真气人。你说怎么办?

这使我又想到天津杨村一中的调查问卷，你有了愉快或不愉快的事爱跟谁诉说?可供选择的诉说对象为父亲、母亲、老师、同学。结果是，选择诉说对象最多的是同学，占81%。孩子们所以喜欢带锁的日记本，原来是对付大人的，是为了向大人们封锁自己的心。这简直让我们有些为人父母者感到残酷，感到害怕，感到痛苦不堪了——我们是你的父母，是你最亲近的人哟，有什么话不可以对我们说！

可是，我们做父母的人知道吗?你的孩子已经由幼稚走向成熟，由依赖走向独立，心中会逐渐有一些秘密，会有些不再愿意告诉大人的东西。这是他们将要长大的标志。由于时代的发展，今天的孩子这种独立意识更为强烈。对此，我们也该拍手叫好。然而，我们不少为人父母者总是不那么乐意接受孩子的独立意识，总是想把孩子庇护在自己的羽翼下，于是，就不讲方式地总想去“刺探”孩子心中的秘密。如此招来的是孩子的反感，孩子们就加倍地来守护自己的秘密。于是，带锁的日记本便成了最佳选择。

看来，造成孩子和家长之间的距离和不信任的原因是多方面的，除了中学生强烈的“心理断乳”以外，缺少科学的家庭教育观念和传统的家长专制作风也是另外的一个重要的原因。

通过调查分析，在能主动和父母沟通、交流的学生中，大部分学生成绩优良，心理发育健康。自杀、离家出走、早恋等事件和现象往往发生在那些不与父母沟通、交流的学生身上。孩子上小学时，有些家长还不屑于和孩子沟通、交流，而到了中学阶段，他们却一下子感觉到他们和子女之间的距离不断拉大，有的家长甚至一点点地退缩到只能管理孩子的生活起居的狭隘空间里。

还有相当一部分家长属于传统压制型和现代溺爱型的混合体，他们很难与子女建立对等的、朋友式的关系，这样的家长对孩子的教育十有八九是失败的。

青少年时期是人生中的“暴风骤雨”时期，在对待孩子的教育问题上，只有了解孩子的内心世界，家长才能有的放矢、对症下药。

那么，我们家长该怎么办呢?

一是理解。对孩子由独立意识而导致的闭锁心理，首先得有个科学的态度。我们不妨来个心理换位，回想一下自己孩子时代的生活，并以此来体察孩子们的心。如此，您对上面的“为什么”就会有更切身的理解。有了对孩子的理解，“头痛”就消除了一半。

二是沟通。我们不要以为孩子是自己身上的肉，可以任我骂来由我打，不要以为自己多吃了一些年的咸盐，就可以居高临下地对待孩子，仿佛真理总在自己手中。对孩子要多来点民主和平等，努力成为孩子们的知心朋友。有关专家指出，民主型的家庭氛围、朋友式的合作关系是消除“代沟”、实现两代人交流的前提。这样，你就可以跟孩子有较多的沟通，就会促使孩子对大人敞开心扉。

三是尊重。尽管我们做了最大的努力，也不该奢望孩子什么全跟我们讲。孩子作为人格独立的人，他们心中应该有一块大人不必涉足的天地，应该有一些属于自己的秘密。对此，我们只有尊重，做孩子的指导者、协商者，而不是命令者，这样一来，我们也就用不着“头疼”了。

没有坏孩子

父母提示

人们最容易犯的错误就是用二元论的眼光去看问题，动不动就用“好”“坏”两张标签贴到别人身上，并且多数时候还是“一好遮百丑，一丑挡百好”。

美国人类学家研究表明，日本的母亲认为文静内向的婴儿是好孩子，而美国的母亲则喜欢活泼好动的婴儿。在我国的文化背景下，尽管评价好孩子有着不同的标准，但人们还是倾向于把那些顽皮好动、不与老师和同学合作、学业成绩较差、有各种各样问题行为表现的孩子划为坏孩子之列。

而事实上，孩子生来并无好坏之分，每个孩子身上都会有一些可爱之处，关键是我们怎么去发现，怎么去认识。孩子没有被打上任何印记的心灵，是不能在社会意义上做出好与坏的价值判断的。著名哲学家洛克认为，孩子的心灵是白板一块，可以随您去涂抹去塑造。这个涂抹与塑造的过程实际上就是孩子接受来自家庭、学校和社会的影响与教育的过程。如果说“人之初，性本善”，孩子在出生时都有一颗美玉无暇的心，在后来被玷污了，我们有理由去责怪孩子吗?

好孩子总会被赏识，坏孩子则常被抱怨，而抱怨常使他们变得越来越糟。确实有这样一些孩子，他们令老师头疼，使同学生畏，让父母担忧，或许他们就是人们所说的坏孩子，或许将来会成为坏孩子。一个半夜拿石块打碎人家玻璃、一个偷拿父母的钱逃学去打游戏机、一个不做作业不认真听课的孩子可能就是人们常说的坏孩子吧，可如果没有父母的迁就姑息，孩子会一错再错吗?如果没有负面的影响，孩子会只在阴影中恶作剧吗?正是教育策略的失误，教育方法的不当，错误的教育才造就了坏孩子。

在历史上也曾有过这样一些“坏孩子”，经常挨罚的达尔文，被逐出校门的爱迪生，还有一个于1906年摘取诺贝尔生理学奖的卡哈尔在儿时也是“问题”成堆。但这些顽童并没有因此而堕落，最后反而成为著名的科学家、发明家。我们能说他们是坏孩子吗?

孩子的好与坏，他们的一切都在于父母乃至整个社会如何去培养。当孩子违背你的意愿时，你会采取何种方式去说服教育呢?当孩子开始接受教育时，就开始接受各种好与坏的评价，那些被称之为坏孩子的孩子，就开始与成人展开了抗争。他们渴求教师的认可，父母的承认。他们可能故意制造一些麻烦引起别人的注意，企盼成人给他们一份属于好孩子的爱。当这一切失败之后，他们先是愤怒，继而便是激烈的反抗，开始通过不断地制造麻烦来回敬成人对他们的不恭。他们在心里喊道：你们都说我是坏孩子，我一定坏出个样来给你们看看。即使如此，他们还是希望有朝一日能够让成人改变对他们的评价，让他们和好孩子平起平坐。

沈阳某中学曾有一个叫朱云松的男孩，他在上幼儿园期间，就以到处惹祸的“刺儿头”出了名。上了初中，更是以“打架大王”使同学们感到生畏。这真是一个令人头疼的孩子，许多教师也惧他三分，因为只要他闹起来，教师们就别想正常上课。后来，全国优秀教师王阁文老师做了这个班的班主任。

第一天上课，他就给王老师来了一个下马威：上课刚坐好，他一拱桌子，差点儿把前排同学推到讲台底下。王老师并没有发火，也没有批评他，而是让前面的同学将椅子和课桌往前挪了一块。这对朱云松震动很大，但他摸不准老师为什么不训他。开学的头一个星期，王老师和朱云松都彼此心照不宣地采取着观望的态度。王老师在寻找恰当的时机，朱云松也在想如何面对新老师。

有一天，这个时机突然来了。学校要开运动会，王老师在全班进行了动员。快要放学的时候，王老师却发现自己的备课笔记里夹了一张纸条，上面清楚地写着全班每个同学的体育特长。细心的王老师发现有点像朱云松的字迹，第二天，他找到这个孩子，让他配合体育委员做这次运动会的动员组织工作。结果在运动会上，这个班的同学表现非常出色，成绩也非常理想。王老师开始在全班表扬朱云松，并利用他的组织才能让他做了小组长。

多年来都没有听过老师表扬的朱云松，感觉到王老师与其他老师的不同。最初，他是为了报答老师的信任，开始改掉身上的一些坏毛病，后来，在王老师的悉心教导下，他决心痛改前非，做个好孩子。这个曾被许多人断言要进监狱的男孩，在高中期间，被选为沈阳市中学生学联副主席。

即使是再顽皮的孩子也渴望做好孩子，因为没有人情愿做坏孩子。成人们善意的评价可能会改变孩子一生的命运，因为不是坏孩子被抱怨，而是抱怨使孩子变得越来越糟；不是好孩子被赏识，而是赏识使孩子变得越来越好。

可很多父母却觉得，孩子说谎、逃学、出口伤人、动手打人、学习又不好，真是一丁点儿优点都没有，于是将孩子贬得一无是处。孩子果真什么都不是吗?其实他们远没有我们想象得那么糟。有一位继母，正是从一个被其亲生父亲看作是最坏的男孩的身上找到了一个优秀的品质，使这个孩子重获新生。美国成功学的创始人拿破仑•希尔博士在回忆自己的童年时曾说过：

“当我是一个小孩时，我被认为是一个应该下地狱的人。无论何时出了什么事，诸如母牛从牧场上放跑了，或者堤坝破裂，或者一棵树被神秘地吹倒了，人人都会怀疑：这是小拿破仑•希尔干的。而且，所有的怀疑竟然还有证明哩！我母亲死后，父亲和兄弟们都认为我是恶劣的孩子，所以，我便真是颇为恶劣了。如果人们竟是这样待我，我也不致使他们失望的。”

在我们看来，小拿破仑•希尔的处境一点也不乐观。可这一切却因他父亲的再婚而改变了。在新母亲走进他的房间时，他父亲说:“这就是拿破仑，是希尔兄弟中最坏的一个。”可继母并没有在意父亲的话，而是把她的手放在拿破仑的肩上，两眼闪耀着光辉，用最亲切的语调说：“这是最坏的孩子吗?完全不是，他恰好是这些孩子中最伶俐的一个，而我们所要做的一切，无非是要把他所有的伶俐的品质发挥出来。”继母发现了他人性中的优点，用她深厚的爱和不可动摇的信心造就了一个新的拿破仑。

世上没有一无是处的孩子，如果我们不想让孩子变得更坏，就没有理由把他们贬得一无是处。利用他们的优点去引导，我们就会为有一个好孩子而感到骄傲。

孩子是不成熟的生命体，有着极强的可塑性，教育可以改变人的品性。在20世纪初，意大利的女医学博士蒙台梭利所做的工作，证实了这一点。蒙台梭利在罗马建立了一所国立特殊儿童学校，招收白痴儿童和弱智儿童共22名，经过两年的努力，在政府的监督下，这些孩子通过公立学校同龄儿童的同等水平考试。既然孩子本身还在发展、变化，他就有着发展的无限可能性，我们就不能轻易给他下结论。我们应该留给他们发展的空间，并允许他们犯错，但在他们走出这个空间之前，要帮助他们改正错误。

前面我们提到的那位1906年获诺贝尔奖的卡哈尔，小时候顽皮得厉害。他酷爱绘画，还喜欢养鸟、舞刀弄剑和玩打仗游戏。他讨厌学校严厉的校规，并把它称之为“恐怖统治”。他表现得桀骜不驯，被学校关禁闭是常有的事。

有一次，他决定利用自己学到的知识，造一门“真”的大炮，并向邻居小朋友大显身手，结果真的将邻居的孩子打伤了。这下就闯了大祸，邻居孩子的父母出来干涉，除了罚款之外，卡哈尔还被警方拘留，挨了三天饿。当他从拘留所出来以后，身为大学教授的父亲着实把这个顽童训斥了一顿，并决定不再让他读书，而是介绍他去学习手艺，先去学理发，后去学修鞋。

卡哈尔当了两年的学徒。在父亲冷静之后，他回到了家里。父亲开始反省自己，孩子为了一次过失忍受了这么严厉的惩罚，似乎有些残酷。他觉得有些对不住孩子，从此他亲自执教，担任了孩子的生物学老师。他领孩子去坟场解剖动物，去牧场寻找骷髅。17岁时卡哈尔绘制的人体解剖图谱已超过了在大学做解剖学教授的父亲。

卡哈尔的经历说明，没有不可救药的孩子，问题在于你什么时候去救他和怎样去救他。原谅孩子的过失，但要给他提供一个机会，帮助他完成人生的自我超越。

从孩子发展的起点，孩子发展的自我期望，孩子发展的全面性以及孩子的可塑性上，我们无法找到孩子一定要变坏的根据。因此我们要说：只有不合格的父母，而没有坏孩子!

管与教

父母提示

管和教是不同的概念，许多家长却没有意识到这一点。管理得挺严，却由于没有掌握良好的教育方法而耽误了孩子的健康发展。

中国有一些古老的民谚，如“棍棒底下出孝子”、“严师出高徒”等，无不张扬着棍棒式教育的精神。从古至今，从希望自己的孩子“金榜题名、光宗耀祖”到希望孩子“成名成家，出国留学”，尽管时代不同要求不同，但对于孩子的期望值却是一样的厚重、执著。这种思想直接导致父母对孩子的某些过火行为。在孩子成长的过程中，“管”的成分多于“教”的成分，从而使孩子缺少独立自主性，在成长中不得不依赖于父母。单从表面看来，这种父母似乎是深爱自己的孩子，处处为孩子着想，全是为了孩子好，但归根到底还是一种自私的体现。管得太多，只会让孩子感到父母麻烦、啰嗦，而丝毫察觉不到父母的苦心，在行为上往往背离了父母的初衷。

孩子也有着自己的思想，并以自己的方式感知这个世界，尽管有些幼稚、不成熟，但通过自身的体验，也会逐步地完善。所以我们在教育孩子时，不能过分干涉，否则会伤害他们的自尊，侵犯他们的人格。

当然，我们并不是为孩子所有的行为进行辩护。当他们犯错误的时候，该管的时候就一定要管，只是应当注意一下方式和态度，以平等的姿态满怀诚意地为孩子着想，动之以情晓之以理，以孩子乐于接受的方式给予忠告，而不是明令禁止他们什么能做什么不能做。

也有一些父母，表现出另一种极端，即对孩子相当放任，这大都受溺爱心的驱使，处处依顺孩子的意思，即使孩子出现不道德的行为，也不加以制止。有一个流传很久的故事，说一位母亲百般溺爱自己的儿子，害怕儿子因得不到满足而讨厌自己，因此对儿子百般纵容，最后儿子犯下死罪，行刑前问他还有何话要说，他说他的母亲最疼他，他想见母亲一面。母亲来了，他要求再吃一口奶，母亲将早已没有乳汁的奶头塞到儿子嘴里，而他却一口咬掉了它。母亲的溺爱和纵容导致了他现在的下场，所以，他恨母亲。

可见，在充分尊重孩子的自由和人格的基础上，合理地加以管教、指导，方能引领孩子正常成长。

可具体到日常生活细节中，许多做父母的却把这些理论忘得一干二净，依然我行我素。我们可以分类来看一下。

首先，在孩子的人生安全方面，毫无疑问，保证儿童的生命安全，是首当其冲的责任。现代医学的发展，提高了人们预防和战胜疾病的能力，可社会上毕竟存在着诸多无可预测的安全隐患，很多父母时时担心着孩子会碰上什么危险。

有这样一位小男孩，在随妈妈上街时，曾目击了一场车祸，亲眼目睹了罹难者死亡的过程，那鲜血淋漓、肢体破碎的场面并不是令他太害怕，因为他还不太理解死亡的意义。可妈妈却很受刺激，以后再也不让他独自上街，大肆向他渲染死亡的恐怖和汽车的危险性、可怕性。结果这个小男孩后来一听到汽车鸣喇叭，总会吓一跳。

其实，这位母亲应该借机向孩子讲述一些基本的交通常识和规则，教导孩子应遵守这些规则，行路要小心，注意安全。过分强调交通事故的危害性，反而会令孩子一旦处于这个环境，会更加紧张，也更容易出事。

在很多时候，做母亲的都会命令孩子别做这个别动那个的，因为好危险好怕人。实际上，好奇是孩子的天性，在很多事情上，父母都是毫无必要的担心，因为孩子已经长大了，已经具备某些独立做事的能力，我们不能一直将孩子视为诸事不谙的小宝贝，不能太过于小看孩子的能力，而不愿让孩子冒一点险，剥夺他们参与和学习的机会。

有一群从小生活在一个湖边的孩子，几乎个个会游泳。学游泳对于一个孩子来说，就像将一只小鸭子扔到水里小鸭子就会游走那样简单。可这群孩子中其中的一位，因为是几代单传的独苗，从小父母严令禁止，不让他玩水，担心他出危险。结果上到中学的时候，还不会游泳，而且对水有一种莫名的畏惧感。终于有一次不小心滑进湖里，等到其他伙伴来救助时，已被溺身亡。

爱护孩子是应该的，但父母不能以此为理由来限制孩子学会某种本领的能力。很多具有危险性的运动，其实更能锻炼他们的勇气和能力，从而增强战胜和征服自然的信心。

其次，在孩子的学习和兴趣方面，也难得有自己的主见。常有父母这样要求自己的孩子说："你至少也要考个第几名，不然……"这无疑给孩子的学习施加了一种压力，即使能达到要求，也认为是给父母学习，而不能明白学习的意义和目的；达不到要求时，则很可能自责、自卑，甚至自暴自弃。

对于大一点的孩子，每当快到升学考试时，父母更加为孩子的学习和前途担心。在孩子选择专业的问题上，父母总会强加干涉，"你应该学××系，发展会更好一点"……父母或者是因为有这方面的经验，但是有一点我们完全可以肯定，这些都是孩子自己的问题，孩子有什么样的爱好，要怎样发展，怎样才符合自己的意愿，完全取决于个人兴趣，做父母的最多能给以参考意见，而不是主动权。因为父母认为好的选择对于孩子而言，来必是最合适的决定，有时连我们自己都无法准确地把握好自己的未来，又怎能预测孩子的明天呢？

社会上，干扰一个人发展的因素很多，生活中也有很多不可预料的因素和太多无奈。我们应该帮助孩子选择正确的发展方向，而不是给他们定位。因为孩子还小，自身处于不断地发展之中。

也有一些父母，以尊重孩子的个性为借口，一味满足孩子并不合情合理的要求，这也是不科学的。就拿特长班的学生来说，学钢琴不仅需要孩子有一定的音乐天赋，而且对身体也有一定的要求，比如手指肥短的孩子，因手指覆盖面窄，不可能灵活跳动，也就不可能将琴弹好。

另外，对于孩子的性格，本是不分什么好坏的。有的生性好动，有的活泼开朗，有的温柔文静……父母不能因为自己的偏好，一定要求自己的孩子具备某一性格。比如，一个文静的孩子总会穿得干净、漂亮，看上去招人喜爱，可你没有必要规定一个淘气爱玩的孩子也像这样，一旦他们因为玩耍而将身上弄得很脏，就横加指责甚至是打骂，就算你是基于教导孩子爱卫生的目的，却妨碍了他们的心理健康，从而更加得不偿失。

对孩子的教育，总要因人而异。有人将孩子喻为半成品，其行为、性格、思维、情感都在形成之中，错误的教育可能会“制造”出一个有偏差行为的孩子。所以，我们应充分了解孩子的实情，一方面尊重孩子的主见，另一方面加以适时而合理的管教，才能培育出我们所期待的“合格产品”。

父母检讨自己的说教方式

父母提示

"该说的都跟孩子说了，苦口婆心地说了一千遍，可他就是不听，依然我行我素。可该怎么办呀？……"很多父母都有这样的苦恼。他们只想着孩子的逆反、不听话，却从来不检讨自己的说教方式。

在一个家属院里，住着一位很朴实、很普通的老太太，特别受孩子们的欢迎。孩子们都喜欢听她讲故事，喜欢在闹矛盾时找她劝解，即使孩子犯了错误，父母难以压服的，老太太三言两语之中，孩子便勇于认错、承担责任。她的这种能力让院中为人父母者惭愧不已，于是纷纷登门讨教:"怎么才能让孩子听话呢?"老太太笑着说:"其实很简单，一般的父母总爱用大道理教导孩子的前途、行为等，可孩子还小，理解力有限，他们不可能一下子接受那些东西，所以用生动的例子、实在的话和简易的道理就行了。"

强制性的以理压人，迫使孩子就范，往往起不到正面的作用，相反，还能使孩子形成戒备以及逆反心理。

比如有位母亲在孩子才三四岁的时候，就一直对他说"你将来一定要考上大学，上不了大学，就没有出路。"可上了学之后，孩子才知道考大学也有很激烈的竞争，而自己的成绩平平，恐怕很难如愿，逐渐心灰意冷，再遇到妈妈对他说这样的话，他就开始反感，甚至反驳:"我才不上大学呢! 行行出状元，社会上那么多富翁不都没上过大学吗?"妈妈很失望，不明白自己讲的全是为孩子好的大道理，为何孩子不听。

父母的愿望是好的，却不会站在孩子的角度来思考这些事。就像一位中学生，对地理和植物学感兴趣，一有机会就到郊外的山上，带回一些花草和山石碎片，可父母却希望他学计算机系，并给他讲一通信息时代如何离不开高科技的大道理。父母有着比孩子丰富的社会经验，在他们看来，掌握好计算机，在未来社会中一定会更有用武之地、更吃香。但即使孩子真正能明白这些，我们也不能干涉他们的自由和选择，有谁能否认，这样的孩子将来不会成为一名地质学家呢?

一旦孩子背离了父母的原则和要求，父母便表现得伤心失望，以为孩子不照自己所说的去做，就不会有好结果，理由是明摆着的：父母坚持的都是无可反驳的大道理。给孩子设定某一目标，可能本身没错，只是在实现这一目标的途径中，我们应该以理智的、能被孩子接受的态度和方式来说教，这样更有利于挖掘孩子的潜力，也更能使孩子有出息。

大道理人人都会说，也永不会出错，可往往解决不了实际问题，甚至还会有负面作用。别说是孩子了，就是我们成年人，听着别人给我们讲那些大道理和说教，不也昏昏欲睡吗?

“良药苦口利于病，忠言逆耳利于行。”这句古话有一定的道理，可我就不明白：良药为什么一定要苦口呢，忠言为什么一定要逆耳呢?如果不苦口、不逆耳了，那不就更容易让人接受吗?

说话本身就是一门艺术，同样的话，由不同的人、不同的态度、不同的时空下说出来，就会有不同的效果。而且，居高临下的说教，远不如平等地沟通交流有效果，在现实生活中，这是屡试不爽的。

再说了，孩子有孩子自身的特点，要不，那么多教育专家都强调寓教于乐呢?其实我们完全没必要正儿八经地摆出一副在家里开设政治课、随时随地教育人的架势出来，而应用孩子们喜闻乐见的形式把你想表达的东西表达出来。

有位母亲曾对我说：每当她一跟孩子讲道理时，孩子总是极不耐烦。她要严肃时，孩子就耐着性子等她说完，应付一下回自己房间。她要是不严肃，和颜悦色时，孩子甚至会调皮地模仿下课铃声，说：妈，您讲累了吧，该课间休息了。

另一位母亲也对我说过：她很少给孩子“上课”，但经常同孩子一块读孩子感兴趣的故事书，同孩子一块交流读后感，经常同孩子聊天，同孩子一块玩，可不知不觉中，她的观点孩子接受了很多，孩子的很多想法她也觉着有道理，能接受。孩子有一次跟她说：我们同学都说我有个好妈妈。孩子说这话时很自豪，母亲对我说：那一刻，我自己也觉得我是个好妈妈，而且是最幸福的妈妈，我和孩子简直和好朋友一样。

当孩子向你说出真实想法时，千万不要动不动就训责“这不对”、“那也不行”，然后就是一堆道理铺天盖地而来。孩子这时心中一定后悔：跟你说这些干吗，下次再不说了。

即便孩子想法、做法有不对的地方，我们也要就事论事，心平气和地与孩子一块分析讨论，如果孩子要求不要告诉别人，那么你应为孩子保守秘密。

说了这么多，其实不说教的根本就两点：**一是尊重孩子，平等地与孩子交朋友；二是掌握一点说话的艺术，教育的艺术。**

沟通时间小贴士

父母提示

父母总在抱怨不知如何与孩子沟通，什么时间沟通，其实，只要你细心观察，沟通无处不在。

道德说教的餐桌教育

孩子在成长中难免会犯这样或那样的错误，家长因为平时工作忙，很难抽出具体时间和孩子沟通。所以很多家长就认为吃饭时，全家聚在一起，正是教育孩子的好时机。

我们当然知道，出了问题就要沟通，但提醒家长一句，不要选择餐桌教育的方式，这样会对孩子的生理和心理发展产生不良影响。

专家指出，餐桌教育不可取原因有四点：一是吃饭时教育孩子会影响孩子对食物的消化吸收，甚至导致胃病。二是容易导致孩子产生厌食情绪。在孩子情绪不好时，大脑皮层对外界环境反应的兴奋性降低，使胃肠分泌的消化液减少，胃肠蠕动减弱，从而降低对食物的消化吸收功能。三是孩子在受到训斥时会伤心掉泪，边吃边哭很容易在抽泣时将食物吞咽到气管里去，引起强烈的呛咳，甚至呼吸受阻，危及生命。四是还会造成孩子心理压抑、情绪低落，使亲子关系恶化，产生隔阂，从而影响家庭气氛和两代人之间的感情。

中国青少年研究中心曾在全国六大城市2500名中小学学生中进行调查，调查显示，有一半的孩子在吃饭时挨过父母的批评。一般的餐桌教育主要有两种情形：

一是唠叨。孩子一坐到餐桌旁，为了显示对孩子的关心，父母就开始问这问那，孩子对此很厌烦，只好加快吃饭速度，狼吞虎咽，草草结束用餐，马上逃离餐桌。

二是批评指责。有些父母把孩子的一些问题搬到餐桌上来解决，对孩子的毛病、缺点和错误一味批评指责，使孩子很难将心思用在用餐上。

对父母来说，用餐时间，只适宜给孩子准备丰盛的餐饭。切忌迫不及待地在吃饭的时候责备或打骂孩子，对孩子进行道德教育。家长应力求为孩子创造一个良好的就餐环境，让孩子愉快地就餐。

至于孩子的过错，选择其他的有利时机好了。

建议诸位家长，在餐桌上选择一些有趣轻松的话题，比如让孩子将学校中的趣事讲给父母听。要明白，餐桌上的言谈是应该以促进家庭气氛为主，让孩子生长在一个愉快和谐的气氛中。

亲子假日沟通

现在，随着学生课业负担的逐渐加重，越来越多的家长把孩子的假期变成了“第三学期”。在假期中，家长除了监督孩子完成学校的作业外，还为孩子安排了各种各样的补习班、培训班。孩子学了一学期，好不容易盼个假期想放松一下，可是每天穿梭于这些补习班中，甚至比平时上学时还要忙。孩子自然会抱怨，可家长却有家长的理由，“别人的孩子都在补习，我们怎么能落后？假期光让孩子玩了，开学时跟不上怎么办？我也身不由己啊”。

专家指出，假期在学生的生活中占很大一部分比重。如何利用好孩子的节假日，是关系到孩子人生成长的一个关键。现在安排各种补习班，表面上可以获得短期效果，但实际上却不利于孩子的长期发展。家长用各种补习填满了孩子的假期，孩子只能很被动地去接受，和上学没什么两样，这极易使孩子产生逆反心理。

当然，这并不是说，假期就让孩子疯玩，什么书也不看，什么也不学。聪明的家长应该学会合理安排孩子的假期，让孩子在假期中得到成长的快乐。

平时孩子上学，家长上班，本来相互之间就缺乏必要的沟通。很多家长对孩子的关心只简单的停留在衣食住行以及对学习的关心上。假期里，家长应该在与孩子的接触中，增加对孩子的了解，增进彼此的关系，从而监督孩子的正常成长。

家长要学会科学制订孩子的假期计划，将学习与休闲融为一体，让孩子在不耽误课业的前提下，舒缓情绪，得到休息和放松。而制订计划的前提是要与孩子交流，充分听取孩子的意见，而不能只是自己一厢情愿的“霸王条款”。计划要分为学习和休闲两部分，休闲部分建议根据孩子的兴趣和爱好，让孩子自主选择。

另外，孩子一年到头，很难有这样集中的时间放松，建议有条件的家长可以选择适当时间带孩子出去旅游。“读万卷书，行万里路”，让孩子适当接触自然和社会，有利于孩子身心健康成长。当然，也可以事先和孩子沟通好，比如，旅游回来，可以让孩子将自己的感受记下来，等等。

假期是家长与孩子沟通的最佳时间，由于假期家长可以有更多时间和孩子呆在一起，平时无法注意和发现的一些问题，也可以很明显地呈现出来。家长要注意观察，掌握有效地沟通办法，使对孩子的关心不再流于表面和形式，使家长真正参与到孩子的成长过程中。

家长会后

学生怕家长会是千古不变的道理，尤其是考试成绩不理想的时候。每次家长会来临时，孩子总会惴惴不安。据某调查结果显示，至少有70%的学生在开家长会的时候提心吊胆，剩下的30%则是那些被公认的好学生。

其实，孩子怕家长会的原因也不过是怕回到家挨批评。因为在家长会上，父母经常需要倾听老师对孩子的令人不高兴的、批评性的评论，所以很多家长回家后的发怒，只不过是一种情绪的转移，或者称之为“转嫁”，就是把家长会时从老师那接收的不好情绪发泄到孩子身上。

其实，家长应该意识到，家长会是家长与老师就学生的学习问题沟通的一个桥梁，沟通的目的是能让家长更好地了解孩子的情况，从而找到解决问题的办法。家长不应该将家长会看成是对孩子惩罚的理由。

家长会后，家长不能只是一味地训孩子，而是应该找到帮助孩子解决问题、提高成绩的方法，把问题集中在如何帮孩子身上。

家长应该看到，家长会后其实是一个教育孩子的有利时机。一般这时候，孩子正处于一个恐慌时期，很怕家长因老师的什么话而发怒，所以态度会很好。家长应该懂得抓住时机，综合老师对孩子的评价和自己平时对孩子的观察情况，和孩子在一起分析解决学习中的问题。而孩子见到家长会后，父母依然和颜悦色地对待自己，也会很和家长配合。如果家长只是一味发怒，会使孩子产生恐惧心理，恶性循环下去，对孩子的成长和成绩地提高都十分不利。

那么，家长会后，家长应该怎样和孩子进行有效的沟通呢？

首先，家长一定要保持一份平和的心态，不管在家长会上老师对孩子的评价如何，都要虚心倾听，明了孩子的问题出在哪里，这样才有利于有的放矢地解决孩子的问题。

回到家后，家长要先向孩子介绍一下家长会的情况，可以具体到家长会上哪些人发言了，老师表扬了哪些同学，批评了哪些同学。这是一个很重要的步骤，这样有助于孩子了解家长会的全过程，而不是妄图去猜测。值得一提的是，如果老师表扬了你的孩子，一定要重点强调，这样有助于增强孩子的自信心。

介绍完家长会的大概情况后，具体到自己孩子的情况，家长要认真、细致、客观地转述老师的评价，指出孩子哪些地方进步，哪些地方不足。

找出问题所在后，和孩子分析产生不足的原因，并一起商讨解决问题的办法，以此为依据列出下段时间地学习计划表，监督孩子完成。

家长一定要懂得利用教育的有效时机，从而帮助孩子健康成长。

图书在版编目(CIP)数据

这样的沟通最有效:呵护孩子心灵的教育艺术/张健鹏,胡足青主编. —北京:九州出版社,2007.4
(优秀父母智慧书坊)
ISBN 978-7-80195-639-2

Ⅰ.这... Ⅱ.①张...②胡... Ⅲ.家庭教育 Ⅳ.G78

中国版本图书馆 CIP 数据核字(2007)第 040388 号

这样的沟通最有效——呵护孩子心灵的教育艺术

作　　者　张健鹏　胡足青　主编
责任编辑　孙红梅
出版发行　九州出版社
地　　址　北京市西城区阜外大街甲 35 号(100037)
发行电话　(010)68992190/2/3/5/6
网　　址　www.jiuzhoupress.com
电子信箱　jiuzhou@jiuzhoupress.com
印　　刷　北京才智印刷厂
开　　本　720×1020 毫米　16 开
印　　张　15.25
字　　数　310 千字
版　　次　2007 年 5 月第 1 版
印　　次　2007 年 5 月第 1 次印刷
书　　号　ISBN 978-7-80195-639-2/G·376
定　　价　22.00 元
